再别诗人的康桥
剑桥大学

王子安◎主编

汕头大学出版社

图书在版编目（ＣＩＰ）数据

再别诗人的康桥——剑桥大学 / 王子安主编． -- 汕头：汕头大学出版社，2012.4（2024.1重印）
 ISBN 978-7-5658-0697-1

Ⅰ．①再… Ⅱ．①王… Ⅲ．①剑桥大学－概况 Ⅳ．①G649.561.8

中国版本图书馆CIP数据核字(2012)第066388号

再别诗人的康桥——剑桥大学

主　　编：	王子安
责任编辑：	胡开祥
责任技编：	黄东生
封面设计：	君阅天下
出版发行：	汕头大学出版社
	广东省汕头市汕头大学内　邮编：515063
电　　话：	0754-82904613
印　　刷：	河北浩润印刷有限公司
开　　本：	710mm×1000mm　1/16
印　　张：	11
字　　数：	80千字
版　　次：	2012年4月第1版
印　　次：	2024年1月第2次印刷
定　　价：	50.00元

ISBN 978-7-5658-0697-1

版权所有，翻版必究
如发现印装质量问题，请与承印厂联系退换

目 录

剑桥漫谈

剑桥的由来和雏建 ……………………………………… 3
彰显贵族气的国王与王后学院 …………………………… 7
成就未来剑桥的彼得学院 ………………………………… 13
走出世界上最伟大科学家的三一学院 …………………… 18

校长轶事

费希尔校长有贵人相助 …………………………………… 31
塞西尔校长的特色治学 …………………………………… 37
阿尔伯特校长的"法令"改革 …………………………… 46

强者风范

饱受磨练的智者 …………………………………………… 53

走进科学的殿堂

意志坚强的诗人 …………………………………… 62
现代实验科学的开始 ………………………………… 80
浪漫主义诗人的浪漫 ………………………………… 95

名界精英

量子力学的奠基者 …………………………………… 113
神经机制的鼻祖 ……………………………………… 121
可能第三次获诺贝尔奖的人 ………………………… 128
同享物理学奖的布拉格父子 ………………………… 138

剑桥华人

诗坛骄子徐志摩 ……………………………………… 145
"武侠"宗师金庸 …………………………………… 164

剑桥漫谈

剑桥的由来和雏建

早在公元前43年，古罗马士兵就驻扎在剑河边，后来还在剑河上建起了一座大桥，这样，河名和桥加在一起，就构成了剑桥这一地名。随着居住的人的增多和不断的筑路、架桥等建设，剑桥逐渐发展成为一个小镇。英国人祖先将剑桥视为前往韦塞尔克斯狩猎的重要渡口。公元11世纪中叶，不列颠被诺曼底人征服之后，剑桥开始呈现了发展迹象。

剑桥大学

走进科学的殿堂

Cambridge 这个名称与流经该地区的这条河有关。然而历史上曾有好几个世纪，这条河一直叫作 Grant（格兰特）或 Granta（格兰塔），而不是叫作现在的 Cam（康河或剑河）。现在，Granta 已被认为是剑河的一条支流。据考证，英国早期的编年史对该地名的提法不一。大约在公元 730 年，比德（Bede）用过 Grantacaestir；而克劳兰德（Crowland）的菲利克斯（Felix）在公元 745 年用的是 Grontrice；再后来，在公元 875 年的盎格鲁——撒克逊编年史中，人们发现该地名写成了 Grantebryege。据说，这是将河名与桥连成一个单词使用的首例。到了 1050 年，该地名被写成 Granteceaster。但从 1107 年起，它被写成了 Cantabrigia（拉丁化了的名称）。被誉为英国诗歌之父的乔叟在 14 世纪晚期写过一首题为 Reeves Tale 的诗，其中的第一行就提到了剑桥这个地方，用的是 Cantebrigge。在此后的岁月里，该地名曾出现过 Caumbrigge，Caumbrege 和 Camberage 等不同的拼法。1478 年，该词拼成了 Camebrygge。直到伊丽莎白时期，现在的拼法，即 Cam-bridge，才被正式确定下来。

12 世纪时，圣芳济修士、黑袍修士和卡莫修士，来到这里定居，兴土木，建教堂，传播宗教文化，剑桥镇渐成规模。剑桥镇随着 12 世纪传教士的闯入而发生深刻变化，寺院文化和商业气息逐渐浓郁。13 世纪初，英王约翰特许每年 8 月和 9 月在剑桥镇东的斯多尔桥举办集市。这个集市的规模在当时英格兰是大有名气，独一无二的。可见，当时的剑桥镇已趋向繁荣。

据传说，剑桥大学最早是由一批为躲避殴斗而从牛津大学逃离出来的学者建立的。这要追溯到：公元 1209 年，英格兰中南部的牛津小城发生了持续性的悲剧事件——牛津大学的一名学生在练习射箭时误杀了镇上的一名妇女。这意外事件随即酿成了牛津学生与居民之间的一场流血冲突。愤怒的居民把牛津大学的数名教授和学生抓起来，进行严刑拷打，其中有3名学生被残忍地吊死。

这场事件发生后，牛津大学师生们便以全校停课的方式来抗议居民的暴行，同时要求牛津地方当局采取措施惩办凶手，以还牛津大学一个公道。然而，事情却并没有向牛津大学有利的方向发展。当局生怕事件闹大，不敢罪责居民，令牛津大学师生非常失望和生气。当局的软弱助长了居民的嚣张气焰，情绪激动的居民不但誓不交出凶手，反而还窜到大学见人就抓，抓人便打。

剑桥镇一景

事态却没有向牛津大学有利的方面发展。为了躲避可怕的凶险，牛津大学的师生们怀着对牛津当局的失望心情，纷纷收拾起行装，逃离牛津，其中有大约12名学者来到位于一片辽阔沼泽地边缘的剑桥镇安顿下来。从牛津逃出的学者来到剑桥后，发现原来这里的3所寺院已有一

些学者。这些学者是依据当时在法国和意大利一些早期中世纪大学采用的教学模式进行教学活动的。剑桥教区对教育的热情使牛津学者们找到了他们理想的安身之所。这些学者大部分很快与寺院学者融合为一体，他们成为日后成立的剑桥大学的第一批基础教员。

1231年，亨利三世国王授予了剑桥大学教学垄断权。此后，剑桥大学成为了英国名校联盟"罗素大学集团"和欧洲的大学联盟科英布拉集团的成员。剑桥教学。

再别诗人的康桥——剑桥大学

彰显贵族气的国王与王后学院

剑桥大学国王学院是英国剑桥大学的一个学院。英王亨利六世1440年在伦敦附近的伊顿建立了伊顿公学，供男孩子上学，当然是贵族的孩子。1441年他又在剑桥创立了国王学院，供这些孩子进一步深造。最初创立时只有1名院长和70名学生，全部来自伊顿公学。可见，当时国王学院是专门为亨利六世所创的伊顿公学的毕业生而建立的，国王学院不收其他学生。为了显示国王的雄厚财力，国王学院建立之初就追求宏伟壮观的建筑，而其建筑群中最著名的当然是学院的礼拜堂，今天它已经成为整个剑桥镇的标志。国王亲自规划了学院的整个布局，但是只有礼拜堂按照国王的规划建成，这项工程分三阶段才完成。由于那时英国国内政治比较混乱，教堂修了停，停了修。1446年开始修建，亨利六世亲自奠基，经过亨利七世、亨利八世的修建，最终竣工，前后经历了100多年。

剑桥大学国王学院教堂唱诗班席位上方的挑棚上，分别画有剑桥大学和牛津大学的徽章。不过，这两个徽章中均增加了一本书的图案。牛津大学徽章中的书是打开的，而剑桥大学徽章中的书则是闭合的。因

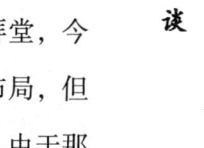

剑桥漫谈

走进科学的殿堂

此，牛津人说，剑桥人无知，因为他们的书总是合的；剑桥人则说，牛津人懒，因为他们的书从来不翻。也不知为什么，长久以来"牛剑之争"一直没有停息过。国王学院的礼拜堂确实是剑桥大学中最为壮观的哥德式建筑之一。礼拜堂的唱诗班在每年的圣诞夜都通过BBC向全英国广播颂歌，如今这已经成为一项传统。国王学院的礼拜堂是剑桥的荣耀，也是公认的全欧洲最出色的哥特式建筑之一。从教堂唱诗班吟唱的圣诞颂歌，传遍世界各个角落，连圣母峰下的营者都在聆听！可见唱诗班的宏大气势。

之后国王学院陆续有新的建筑建成，包括宿舍、图书馆和食堂。即使是学院的食堂也是气势恢弘。很长一段时间内国王学院一直保持着这

剑桥漫谈

剑桥大学图书馆

样一个长久的习惯：每天晚上学生们都必须身穿长袍到食堂等待进餐，

再别诗人的康桥——剑桥大学

当教授们进入时全体要肃静起立,而教授们抵达贵宾桌则需要通过长长的走道。全部学生和教师到达后就由一名学生带领大家用拉丁文祷告,随后教授们就可以享用丰盛的晚餐和美酒了,然而学生们却只能品尝品质一般的食物。但是,随着剑桥大学教育体制的改善与更新,如今这项旧式的习俗已经被废除。

学校拥有一个的馆藏约13件物品的图书馆,此外还有两个档案馆,分别收藏学院的历史文件和与学院有关的人士的私人物件。1964年国王学院研究中心成立,为学院学生和教师提供进行私人研究的场所。此外学院还拥有一个很大的后花园。今天的国王学院是在所有剑桥的学院中学风比较开放的一个,其80%的学生都来自英国的政府学校,而非富豪子弟。国王学院显露着王者气息。

剑桥大学女王学院

剑桥所有的教堂几乎部免费参观,只有国王学院的教堂是收费的。与其他教堂相比，国王学院的教堂有非常特别的地方，其他教堂内部的装饰都是以宗教题材为主，国王教堂内部却有将近一半装饰的是王家的标志。周围墙上的主要雕塑是两只动物护卫着王家的盾牌，盾牌上是一顶王冠。这两只动物一只是狗，一只是飞豹或飞狗，大概是那时候王家的标志。可见，宗教的确是为世俗服务的，国王出钱修建了教堂，他就有权力与上帝分享。在当时，这是神圣的、不容置疑的。

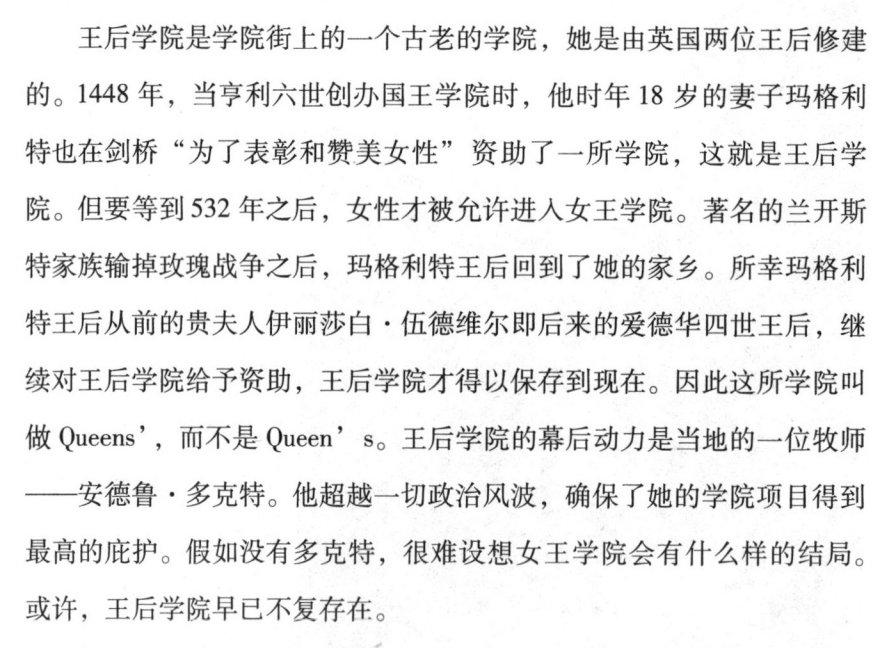

王后学院是学院街上的一个古老的学院，她是由英国两位王后修建的。1448年，当亨利六世创办国王学院时，他时年18岁的妻子玛格利特也在剑桥"为了表彰和赞美女性"资助了一所学院，这就是王后学院。但要等到532年之后，女性才被允许进入女王学院。著名的兰开斯特家族输掉玫瑰战争之后，玛格利特王后回到了她的家乡。所幸玛格利特王后从前的贵夫人伊丽莎白·伍德维尔即后来的爱德华四世王后，继续对王后学院给予资助，王后学院才得以保存到现在。因此这所学院叫做Queens'，而不是Queen's。王后学院的幕后动力是当地的一位牧师——安德鲁·多克特。他超越一切政治风波，确保了她的学院项目得到最高的庇护。假如没有多克特，很难设想女王学院会有什么样的结局。或许，王后学院早已不复存在。

乔治，4个威廉姆。为了区别他们，只好按照先后顺序在他们名字后面加上数字。比如亨利六世和七世，连同一个朝代都不是。亨利六世是普朗塔根奈特王朝的国王，而亨利七世是图德王朝的国王。有许多人认为中，国人和西方人在取名方面的区别是文化背景不同所致，中国的大学与英国的大学比较起来是要年轻得多，但是中国的历史与英国比起

来却长得多。

王后学院虽不是剑桥最响亮的学院。它却拥用自己最有名的建筑——跨过剑河的一座木桥，名叫"数学桥"。木桥初造于1794年，是一座利用实用数学原理，完全不用钉子却坚固无比的桥。在1867年，曾经有个维多利亚人将它整个拆除，以至后来必须加上铁螺钉才恢复了原状。它与圣约翰学院的那座叹息桥的功能一样，把王后学院剑河两边的部分连接起来。数学桥给人一种东方情调。也许是因为它的造型奇特，有点儿像中国的桥。当我们见到它时，一定会想到我们国家许多小镇的桥。

数学桥又叫做牛顿桥，因为它是一座木桥，所以看上去并不起眼，但关于它的故事却很动听。相传，这座桥是牛顿运用数学和力学原理设计建造的，整座桥上没有使用一根钉子，堪称是个奇迹。后来，好奇的学生把它拆下来，想看个究竟。谁知拆容易，恢复难！无论学生们想尽什么方法，就是恢复不了原样，连校方也无能为力。最后，不得不用钉子固定，才重新将木桥架起来。校方并没有批许学生的行为，同时认为，学生们的举动弘扬了剑桥的一种学风，或者是一种文化传统，说明剑桥大学的学生好奇心强，敢于挑战权威，勇于实践。由此可见，它的影响是积极的。或许正是出于这种考虑，大家才不去考证故事和校方观点的真实性，普遍采取了宁可信其有，不愿信其无的态度，乐于传诵。

其实，这座桥是一个叫做伊斯瑞奇的人设计的，与牛顿毫无关系。因为牛顿在1727年去世，而这座桥是在牛顿死后20年修建的，并且桥的设计师也从未到过中国。这其实是剑桥的一个寓言。牛顿在剑桥求学

走进科学的殿堂

并担任数学教授近 30 年,这个故事既是剑桥人对牛顿的纪念,同时也在告诫后人要尊重知识。

国王与王后学院承载着统治者的用意和精力,以它高贵的名字和建筑将剑桥地位提升。

剑桥漫谈

再别诗人的康桥——剑桥大学

成就未来剑桥的彼得学院

彼得学院创立于1284年,是剑桥大学最古老的学院。13世纪的时

剑桥彼得学院

候剑桥最初创立的学院都称作屋或大厅。到了14世纪后,剑桥的学院才开始采用学院这个词,原意是指住在这里面的人。有座走廊连接学院

走进科学的殿堂

和小圣玛丽教堂，曾经叫做圣彼得教堂，也就是彼得学院因毗邻剑桥的圣彼得教堂而得名一说。

圣彼得教堂始建于12世纪，于14世纪重建并更名为小圣玛丽教堂。教堂左手边，是戈德弗雷·华盛顿的纪念碑。戈德弗雷·华盛顿曾经是彼得学院的院士和教堂牧师，并且他还是鼎鼎大名的美国第一任总统乔治·华盛顿的叔祖父，仔细观察纪念碑上所刻的华盛顿家族的徽章，据说美国国旗的星条图案就来自于此。

1279年，当时剑桥镇只有530户人家，15座教堂。所以彼得学院成立时规模相当小，只有几间用于教师办公和学生上课的校舍。由于不多的校舍只能供教师生活和工作，因此学生不得不全都在校外租用民房作为住所。

圣彼得教堂

再别诗人的康桥——剑桥大学

当时寺院教育随着基督教的流行在中世纪的欧洲如雨后春笋般成长起来，英国成为最早兴起开办寺院教育的西欧国家之一。12世纪时的英国寺院已具备学校、研究院、博物馆等文化教育功能。在寺院的课堂上，拉丁文和音乐是僧侣和学子学习的主要内容。

对于教育与基督宗教研究的关系，教会人士和教皇有以下几方面的认知：一是认为只有关于上帝的知识才是可靠的，关于上帝的知识是人类所有智慧的来源，医学和法学等世俗学科是"牟利的知识"，具有虚伪性；二是认为关于上帝的知识需要文学和艺术的演绎，这是当时音乐在寺院教育中占有重要地位的原因；三是认为人不仅有义务传播关于上帝的知识，还要有以基督为楷模的生活方式，即所谓的"言传身教"。在一定程度上，这几种观点也代表了绝大多数信教人的观点。因此，中世纪大学研究基督宗教的教授和学生，尽管物质生活比较贫乏，但拥有别人难以企及的精神财富，很受人们的尊敬。

到了13世纪，寺院教育中又进一步增设了法律、医学等学习科目，这吸引了不同教会教派的文书，他们希望学成后能在教会中任职或在政府中谋取高位，成为外交官、法官或王室官员。因而，寺院教育也兴盛起来。

当时，各地和部门都归属不同的辖区。剑桥属伊里教区管辖，伊里教区主教和副主教都拥有剑桥附近和镇上的大量房地产，殷实富足。1284年，伊里教区主教雨果·巴尔森发现一些来自牛津的学者依然对在牛津的痛苦遭遇耿耿于怀，并且开始放荡酗酒，惹是生非，便决定在剑桥创立第一所学院——彼得屋。彼得屋把这些学者集中在一起，师生们专心教育，同时立下生活规矩，长者督责，少者受训。于是，彼得逐

走进科学的殿堂

渐成了他们安心的"家"。

虽然巴尔森主教慷慨解囊办学院，但要长期支付办学费用是很困难的，因此彼得学院的经费除了土地的经营投资收入外，后来不得不动员社会各方的捐赠，使学院能够继续维持下去。巴尔森创办这所学院最直接的目的，是想让学者与僧侣们一起生活。在中世纪，教会竭力鼓吹禁欲主义和来世观念，宣扬原罪、来世报应等教义，这些使得僧侣们获得了知识和教育的垄断地位。为了改革这样的教育模式，巴尔森把学者和修道士安排在同一个课堂，相互影响，从而使各种文化融合在一起。巴尔森的举动对剑桥文化的发展产生了重大的影响。

1318年，对剑桥人来说是值得欢庆的一年。罗马教皇约翰二十二世正式宣称剑桥为"总学"，并在这一年剑桥大学由此而"受洗"成立。所谓"总学"，指剑桥毕业生能够在基督教国家的任何地方教学。

拥有几百年历史的彼得学院培养出许多学者名人，他们身上都有讲不完的动人故事。

著名的墓畔派诗人托马斯·格雷对火非常敏感，他时时担心发生火灾。至

托马斯·格雷

剑桥漫谈

今人们还能看到，他在彼得学院住过的房间窗户外边安装了铁支架。据说，那是他当时为逃避火灾专门请人安装的。万一房子着火，他就将一根绳子系到架子上，然后自己拽着绳子滑下去逃命。一天夜里，火灾警报器突然响了。惊恐万分的格雷慌忙抓起一根绳子套到窗外的支架上，沿绳子火速滑了下去，不料却一头栽进了一大盆水里，浑身湿成落汤鸡似的。原来，楼上根本没有着火，是他的学生为捉弄他，事先装满了一浴盆水，抬到他房间窗户外面的地上，然后拉响了警报器。一群淘气的学生和一个有弱点的老师，一个不小的玩笑，这些都给彼得学院留下了永恒的回忆。

走进科学的殿堂

走出世界上最伟大科学家的三一学院

剑桥漫谈

三一学院坐落在剑桥的三一街上,虽然这条街一点都不起眼,但它却是当年由英王亲自命名的。也是迄今为止,800年来剑桥唯一的一条以学院名字命名的马路。

三一学院一景

再别诗人的康桥——剑桥大学

　　三一学院原为1324年建立的迈克尔豪斯学院，是剑桥最著名的学院之一。1546年，三一学院由英王亨利八世创建，它位于圣约翰学院的右边，紧挨着圣约翰学院的是翠尼特学院。翠尼特学院是剑桥大学最大的学院，是由四五个四合院连在一起的。国内文献把翠尼特学院翻译成三一学院，可能是因为翠尼特学院的名字是拉丁文"三位亨利八世一体"的意思。三位一体是西方宗教中所说的圣父、圣子和圣灵三个合而为一的意思。后来历史学家称这是这位骄横一世、跋扈无双的亨利八世一生中做的唯一一件好事。后来亨利八世的女儿继承父业，修建了著名的三一教堂。如今在教堂的前厅，设立了一个名人堂，摆放着六尊栩栩如生的石雕像，他们就是被誉为三一之子的牛顿、培根、麦考莱、巴

莱恩图书馆

走进科学的殿堂

罗、魏伟尔和丁尼生。在几百年的辉煌历史里，三一学院还培养出了多位诺贝尔奖获得者、奥运会冠军、国家元首。三一学院著名的名人堂凸显出了三一学院至高无上的学术成就，同时三一学院的莱恩图书馆让人读到了三一学院近500年的传统。

莱恩图书馆是由牛顿的老师——巴罗于1673年他在担任三一学院的院长时，为三一学院主持建造的、几百年后被联合国评定为世界文化遗产。莱恩图书馆屋顶上伫立着由加布里尔设计的四尊石雕，分别象征着四门最古老的学科：神学、法学、物理学和数学。而另一位建筑大师莱恩则设计了图书馆的整体构架，如今我们看到的古朴而又独具匠心的书架、书桌和书托全都出自他的构思，图书馆也因他而得名。巴罗与莱恩同样伟大。

西敏寺教堂

再别诗人的康桥——剑桥大学

三一学院的莱恩图书馆馆藏丰富。不仅藏有古埃及的木乃伊和中世纪的圣保罗信徒的书信手稿等一批珍贵的文物,还藏有苏格拉底等几十尊西方伟大思想家的雕像。小说《小熊维尼》的作者弥尔顿也是三一学院的学生,所以他的手稿自然成了图书馆的新宠。

三一学院的学生中还有一位大诗人拜伦。拜伦于1805年以贵族的身份入学三一学院,但很快他便对学院的生活厌倦了。他风流倜傥,热衷于酒色。对于学校来讲,他可不算是一个好学生。为了戏弄"不准养狗"的院规,他竟养了一头小熊而成为三一学院历史上最具反叛精神的一名学生。但是,惊世骇俗的一代诗圣却是身后飘零,不堪回首。由于他生前的所作所为,他死后朋友欲将他的一尊玉石雕像放进西敏寺教堂却遭到了拒绝。最后还是三一学院念旧情,再次接纳了拜伦,并将其放在莱恩图书馆的最醒目地方。弥尔顿写熊,拜伦养熊,最后的归宿竟

三一桥

走进科学的殿堂

都是三一学院。可见，三一学院在剑桥的重要地位和作用。

著名的三一学院也有一座，它叫三一桥，该桥位于学院后院的剑河上，它跟周围的垂柳和游船以及清清流淌的河水，共同构成了三一后院美丽的风景。曾经有人请三一的院长巴罗为其命名，巴罗认为三一这个名字再好不过了，他还说他实在想不出还有什么名字能够取代三一的。在这座已有几百年历史的三一桥上，留下了牛顿、培根、葛莱以及弥尔顿和拜伦的足迹和身影。今天，莘莘学子也纷纷到桥上驻足，对三一学院中走出来的卓有名气的人们深切怀念。

被认为是世界上最伟大科学家的牛顿就在三一学院生活了35年，在这里，牛顿完成了他所有伟大的著作。

1643年1月4日（儒略历1642年12月25日），牛顿诞生于英格兰林肯郡的小镇乌尔斯索普的一个自耕农家庭。12岁的时候，他进入离家不远的格兰瑟姆中学学习。牛顿在中学时的表现让人们看不出出奇之处。然而格兰瑟姆中学的校长斯托克斯，

牛顿

剑桥漫谈

再别诗人的康桥——剑桥大学

还有牛顿的一位当神父的叔父艾斯库别具慧眼，他们鼓励牛顿上大学读书。后来，牛顿于 1661 年以减费生的身份进入剑桥大学三一学院，1664 年成为奖学金获得者，第二年即 1665 年获学士学位。17 世纪中叶，剑桥大学的教育制度还浸透着浓厚的中世纪经院哲学的气味。当牛顿进入剑桥大学时，那里还在传授一些经院式课程，如逻辑、古文、语法、古代史、神学等等。两年之后，三一学院呈现出了新的风貌。卢卡斯创设了一个独辟蹊径的讲座，规定讲授自然科学知识如地理、物理、天文和数学课程。讲座的第一任教授巴罗是一位博学的科学家，也正是这位教师把牛顿引向自然科学。在这段学习过程中，牛顿在各个学科、领域都得以丰富、提高。牛顿掌握了算术、三角，学习了欧几里得著名的《几何原理》。他又读了开普勒的《光学》、笛卡儿的《几何学》和《哲学原理》、伽利略的《两大世界体系的》、胡克的《显微图集》，还有皇家学会的历史和早期的《哲学学报》等。牛顿在巴罗的门下学习，这个阶段是他学习的关键时期。巴罗作为牛顿的老师，比牛顿大 12 岁，精于数学和光学，他对牛顿的才华极为赞赏，他认为牛顿的数学才能远远超过自己。1665—1666 年伦敦大疫，剑桥离伦敦不远，唯恐波及，学校停课。于是，1665 年 6 月，牛顿暂时离开了学校和三一学院，回到故乡乌尔斯索普。

牛顿在 1665—1666 年这两年之内，也许他有足够的时间思考，他在自然科学领域内思潮奔腾，才华迸发，思考前人从未思考过的问题，踏进前人没有涉及的领域，创建前所未有的惊人业绩。1665 年初他创立级数近似法以及将任何幂的二项式化为一个级数的规

走进科学的殿堂

则。同年 11 月，创立正流数法（微分）；1666 年 1 月，研究颜色理论；5 月，开始研究反流效法（积分）。这一年内，牛顿还开始想到研究重力问题，并想把重力理论推广到月球的运行轨道上去。他还从开普勒定律中推导出使行星保持在它们轨道上的力必定与它们到旋转中心的距离平方成反比。1665 年，他返回老家林肯郡的乌尔斯索普村。有一天，晚餐过后，牛顿在自己的房间里看伽利略的《两大世界体系的对话》，不一会儿他听到"扑通"一声，像有什么东西落在院里，牛顿合上《对话》，走到庭院苹果树下踱着步子，想着刚才那声音，忽然又是"扑通"一声，一个熟透的苹果擦着他的肩膀，落在他的脚边。牛顿蹲下拾苹果时，抬头看见了天上的明月，不禁寻思：苹果熟了就会落到地上，那月亮为什么不会落下来呢？再者，这苹果为什么不会与月亮一

伽利略

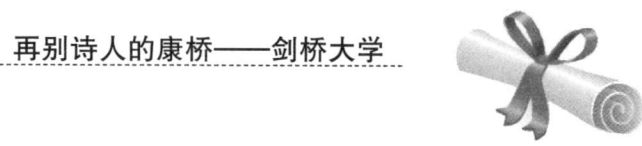

样，飘上天却非要往地上落不可呢？牛顿用心思考研究，后来根据开普勒三定律推论出两个行星间的吸力与它们间的距离的平方成反比。天上和地下的规律应该都一样，那么苹果和月亮应该一样接受一种吸力啊！物体间应该都是一种同样的吸力，大小不同只是由于它们的质量和相互间的距离不同，这种力是不分天南地北，春夏秋冬，天上地下，到处都有的万有引力啊！就这样，牛顿发现了万有引力。牛顿细致的观察和用心思索的精神是非常难能可贵的。

关于牛顿的苹果树，有人认为：此苹果树应该是翠尼特学院大门的左边，一块小草坪中间的一棵苹果树，据说是牛顿当年产生灵感的那棵树的后代。另有人说就是启发牛顿的那棵树，这肯定是不对的，因为这棵树比较小，不像有300多年历史的样子。说是那棵树的后代，倒可能是真的，苹果树可以靠嫁接繁殖，当然可以使启发牛顿的那棵树代代相传，永不灭绝。现在在剑桥人们会以为那棵苹果树肯定被严密保护，然而它就在翠尼特学院大门左边的一片小草坪中间，

开普勒

走进科学的殿堂

紧挨着学院街,没有任何说明,没有任何保护。它生长在那里,就像自然定律一样朴实无华,出乎人们的意料。

事实上,真正启发牛顿的那棵苹果树在牛顿的老家——林肯郡的伍尔斯索普,翠尼特学院前的这棵苹果树是那棵树的后代。

牛顿在剑桥求学时代,就怀着宗教生活里亦如科学实验一样可以自由自在地幻想和工作。《原理》完成后,他便着手有关基督教《圣经》的研究,并开始写这方面的著作,手稿达150万字之多,但由于种种原因,绝大部分未发表。可见牛顿后来在宗教著述上浪费了大量时间、精力。关于牛顿在1692—1693年答复本特莱大主教4封信论造物主(上帝)之存在,最为后人所诟病。所谓神臂就是第一推动出于第四封信中。从现代宇宙学来说,第一推动完全可能在物理框

剑桥漫谈

牛顿老家林肯郡的伍尔斯索普的苹果树

架中解决，而无需"神助"。可见，牛顿亦非圣人，在研究中也会偏颇。

牛顿反对那时英国的国教"英格兰教"。他反对三一教义，但不鲜明表达自己的意志，只是隐蔽地表明不愿担任圣职。总之，在对于宗教问题上牛顿比他的先驱者如哥白尼、布鲁诺、伽利略等赴汤蹈火而不辞的精神，则逊色多了。

1685—1687年，在天文学家哈雷的鼓励和赞助下，牛顿发表了著名的《自然哲学的数学原理》，完成了具有历史意义的发现——运动定律和万有引力定律，对近代自然科学的发展，作出了重大贡献。1703年，牛顿当选为英国皇家学会会长，1727年3月27日，牛顿逝世于伦敦郊外的一个小村落里。世人都将铭记住他的贡献。

富有才华的牛顿不仅对于力学，在其他方面也有很大贡献。在数

天文学家哈雷

学方面，他发现了二项式定理，创立了微积分学；在光学方面，进行了太阳光的色散实验，证明了白光是由单色光复合而成的，研究了颜色的理论，还发明了反射望远镜。

牛顿值得我们一生学习，他在世界科学等许多领域都作出了相当巨大的贡献。

剑桥漫谈

校长轶事

费希尔校长有贵人相助

费希尔是约克郡的一个富有的绸布商家庭的孩子。1477年,他还很小的时候,他的父亲就离开了人世。大约在1482年前后,他的母亲把他送到了剑桥大学,在那里,他把自己锻炼成为一个高贵的学者。

1491年,他被任命为迈克尔豪斯学院的院长。之后十多年里他一直研究神学,成了罗彻斯特主教。在欧洲,他被看作是最主要的神学理论家之一,并于1504年起任剑桥大学校长达30年之久。费希尔在剑桥的一切活动乃至他的成功,都离不开王太后玛格丽特·博福特对他的支持和帮助。

后来的王太后玛格丽

迈克尔豪斯学院一景

特的父亲是兰开斯特家族成员,爱德华三世的后代。玛格丽特3岁的时候,其父已离开了人世。在母亲的悉心照料下,玛格丽特长大成人。在她还纯粹是个孩子的时候,母亲就把她许配给了自己喜欢的约翰公爵,但是却遭到玛格丽特的拒绝。后来玛格丽特嫁给了爱德蒙·都铎。然而不幸的是,1456年11月,爱德蒙病逝,几个月后,年轻的玛格丽特生下了他们的儿子——未来的亨利七世。

作为一位财富的女继承者和年轻的寡妇,玛格丽特在亨利出生后不久便再婚。她把亨利托付给在威尔士的孩子的叔叔,为了寻求幸福和爱情,自己则去了英格兰嫁给了表兄亨利·斯托夫。没有想到的是,1482年,亨利·斯托夫又不幸死去。于是,玛格丽特再嫁,成为后来的德贝伯爵的夫人。她劝说她的丈夫支持她儿子——兰开斯特家族一方,

爱德华三世

1485年,兰开斯特家族取得了博斯沃斯战斗的胜利。玛格丽特的儿子坐上了英国国王的位置,史称亨利七世,玛格丽特自然成为高贵的王太后,这便是历史上著名的玫瑰战争。

玛格丽特是一个积极而又虔诚的宗教信仰者。为此,她投入了很多的热情支持宗教和教育事业。当时的剑桥大学校长约翰·费希尔有独特的机会了解玛格丽特高尚的品格。

再别诗人的康桥——剑桥大学

1494年，费希尔第一次遇到亨利七世的母亲玛格丽特·博福特，并在同年成了她的牧师。在16世纪初期，剑桥大学经济拮据得令人难以想象。约翰·费希尔知道玛格丽特的为人，便说服她把原先准备捐赠给伦敦西敏寺教堂的钱，改为捐赠给剑桥大学，得到了王太后的响应。费希尔十分感激玛格丽特，并誓言努力为其效忠。

费希尔对玛格丽特这位伟大的女性所作出的杰出贡献给予了极高的评价，穷人怀念她无私的施舍；得到过她资助的大学生们把她作为他们的"模范"。她的善良和虔诚在那些修女、牧师及普通公众当中永存。

作为一名虔诚的教徒，玛格丽特在1504年规定了传教士有6年的传教时间"赞颂神圣的耶稣和纯洁的玛丽亚"。1505年，她在剑桥接手了创立于1437年的一所小型神学院，并加以扩建，改名为基督学院。当时她与费希尔校长为学院订立了一系列严格的校规，规范学校的教学秩序。她为剑桥的建设作出了杰出的贡献。6年后，她又资

亨利七世

校长轶事

助创立了剑桥大学的圣约翰学院。

圣约翰学院

圣约翰学院原来是13世纪修建的剑桥圣约翰医院，到16世纪时医院已经破旧不堪。费希尔向玛格丽特太后建议在医院的原址上兴建一所新的学院，获得她的允诺。然而不幸的是，1509年王太后玛格丽特在学院的蓝图还未规划好之前就离开了人世，这让剑桥大学和全国人民都感到十分伤心。费希尔之后经过不懈努力又花了2年时间才取得国王和大主教对学院的支持，并最终于1511年4月9日创办了圣约翰学院。由于王太后的慷慨解囊，后来不少贵族和大臣在她的行为感召下也来资助圣约翰学院的扩建。圣约翰学院是一个幸运儿。

在王太后的资助下，剑桥大学用了7年的时间建立起两所新学院，人们被王太后的恩典所折服。尽管当时基督学院有12个院士和80多名学生，圣约翰学院有50个院士和150个教职员，但却是中世纪剑桥规模最大、最有影响的学院。剑桥为了纪念伟大的玛格丽特王太后，在基督学院和圣约翰学院的大门上方，雕刻有王太后玛格丽特手捧《圣经》的画像和她的盾形纹章雕。盾形纹章两边是两个神话动物，分别长着山羊头、羚羊身和大象的尾巴。左边兽头的后面是一朵盛开的雏菊，右边兽头的后面是勿忘我草。雏菊一词与玛格丽特名字的发音相同，象征她本人，而"勿忘我"则是她的格言。

费希尔校长依助玛格丽特王太后的扶持，使剑桥不仅学院增加，而且获得了成长的力量。

人们在剑桥大学圣三一学院的大门上方能看到亨利八世的雕像。令人发笑的是，威严的国王左手托着一个象征王位、顶上带有十字架的金色圆球，右手却举着一根椅子腿。据说，本来亨利八世雕像的右手中握的是一根象征王权的金色节杖，雕像竣工不久，在一次学院的晚会上，闹疯了的学生大概为了抒发对亨利八世曾砍掉剑桥大学校长费希尔脑袋一事的愤慨，把国王的节杖扔掉，换上一截破椅子的木腿。亨利八世拿着破椅子的木腿一

基督学院

走进科学的殿堂

直站了450余年。

圣三一学院的前身为1324年建立的迈克尔豪斯书院和1317年建的王家大厅学院，1546年亨利八世把这两个学院合并，并改为现名。亨利八世对圣三一学院倾注了很多的热情，并亲自任命校长。当时的圣三一学院有50名院士，10位学者，40个文法学者，8位圣经文书。

亨利八世去世后，圣三一学院的院长继承了他的遗愿，改造门楼、庭院、大厅，并大力改革教学制度，着力培养精英人才。圣三一学院具有独特的院风，在这所学院走出了许许多多的名人和学者，其中包括28个诺贝尔奖得主和6位英国首相。

圣三一学院是当时剑桥最富有的学院，16世纪它的年收入达到1600万英镑。

亨利八世

校长轶事

再别诗人的康桥——剑桥大学

塞西尔校长的特色治学

1558年前,新教曾一度被压制和废除,直到1558年伊丽莎白女王登位后才使新教得以恢复,此后剑桥居民和学院教师可以自由信奉新教了。王室对剑桥十分看重,为了加强对剑桥大学的管理,1559年女王果断任命她的宠臣威廉·塞西尔兼任剑桥大学校长。

1520年9月,威廉·塞西尔出生于一个新崛起的官僚之家。他的祖父是一个封建贵族的财务总长,在1485年跟随亨利·都铎(亨利七世)参加过博斯沃斯战役,为都铎王朝立下了汗马功劳,因此深受亨利七世的赏识和庇护,曾在诺森伯兰和拉特兰拥有大量地产。他的父亲也曾在英国宫廷任职。家族的举足轻重使塞西尔很小时便有了入朝为官的愿望。

塞西尔

校长轶事

走进科学的殿堂

1535年，刚满14岁的威廉怀着勃勃雄心去了剑桥大学的圣约翰学院学习，成为剑桥的一名学生。

在圣约翰学院学习时期，对塞西尔后来的政治生涯产生了重要的影响。在他跟随博学的约翰·切克研究古典文化时，受到了新教的影响和熏陶。在圣约翰学院，他有幸接触到了最好也是一生中最为重要的教育，同时也得到了非同一般的有关希腊的知识。他以出众的判断力闻名校园内外。但由于他执意娶了一个酒店老板娘的女儿，使望子成龙的父亲大失所望。恼怒的父亲终止了他在剑桥的学业，所以，他不得不离开自己喜欢的剑桥。

后来塞西尔只身来到伦敦，发奋苦读法律，成为一名职业律师。1542年他开始为斯曼罗塞公爵爱德华服务，并成为在英国皇室控制下的法庭的大法官。这期间，他为使斯坦福德的自治争取更多的权利，进行了不懈诉求，立下功劳。1548年，他被看作是申诉者的保护人，倾听穷人的申诉或抱怨，他好像扮演了一个保护者的私人秘书，而且保护者的失势使他随时处于危险之中。果然一次由于斯曼罗塞公爵的失势和他的不当举动，他被拘留并关入伦敦塔。1550年1月他获释后进入枢密院，成为诺森伯兰公爵的秘书。同年9月，经推荐成为国王的两大秘书之一，幸运之神正悄悄来临。

16世纪50年代开始，威廉·塞西尔逐渐成为了政界的风云人物，他被人们比喻成英国政坛上的常青树。这位具有绅士风度的智者在剑桥缀学后开始大彻大悟，在他发妻病故后毫不犹豫地迎娶了爱德华国王宠臣的女儿，后来他本人也成了爱德华的侍臣。由此可见，塞西尔的头脑十分灵活。

再别诗人的康桥——剑桥大学

国王爱德华六世饱受肺结核的折磨。由于病情的持续恶化，人们担心不幸的事情发生，于是诺森伯兰公爵约翰·达得利成功地说服国王支持他的儿媳妇简·格雷继承王位。据传塞西尔在这场阴谋中扮演了不好的角色，爱德华非法的王位的传续时间，被塞西尔故意缩小。几年以后，他试图假装作为证人在爱德华有关王位传续的遗嘱上签字。但是，在他对玛丽女王道歉时，辩解他并没有浅薄地去冒险，成功地将此事件的责任转嫁他人。由此他逃脱了女王的追究，并

爱德华六世

宣布效忠于女王，这似乎是毋庸置疑的。但他见风使舵，不赞成诺森伯兰公爵的阴谋，却没有勇气拒绝公爵，当公爵开始想抛开玛丽女王时，塞西尔成为同谋。可这位政治功力异乎寻常的新教徒，在玛丽女王执政期间因戴了一条天主教的念珠，不仅成功躲过了这位"血腥女王"的清洗，而且得到女王的赏识，并多次被委以重任。

玛丽女王死后，由于塞西尔和继位的伊丽莎白早就建立了秘密的联系，因此伊丽莎白成为女王以后，便立即聘请塞西尔为自己的资政秘书和首席顾问，随后又加封他为伯利男爵，并于1559年剑桥大学校长卡

走进科学的殿堂

迪那奥·帕里去世后聘他出任剑桥大学校长。于是，这就奠定了塞西尔进入剑桥的基础。

英格兰的宗教冲突对政权的威胁一直存在。伊丽莎白很清楚，尽管当时新教已开禁，但信奉天主教的国民队伍还十分庞大。女王并不想对这种复杂的政治冲突进行声势浩大的国教改革，以免激怒天主教徒。她只想化解宗教间的矛盾，使分裂的国家能达成和解。而平息剑桥大学的思想纷争将会给整个英格兰带来示范意义。塞西尔的务实精神使伊丽莎白觉得他能在天主教和极端的新教之间为英格兰教会找出中间地带，从而避免宗教战争。

塞西尔没有辜负女王的期待，他在处理朝中大事之余，把精力全集中到剑桥大学的事务上。他不厌其烦地鼓吹新教，千方百计化解师生中天主教极端的宗教观点，最终收到了显著的效果，女王对此十分高兴。1564年，伊丽莎白女王以轻松的心情来到剑桥视察，并向塞西尔提出要在剑桥大学小住几日。塞西尔对此当然求之不得，因为这意味着女王对他在剑桥的成绩表示肯定。于是，他为女王

玛丽女王

的到来精心地准备了许久。

在剑桥，伊丽莎白女王不是听讲道就是与师生一起进行讨论和联欢，充分表现了一国之君的开明和智慧。

此外，伊丽莎白女王还积极倡导歌舞和竞技在剑桥的发展。塞西尔积极组织剑桥大学的各个学院经常在节日举行拉丁语戏剧和音乐表演，几乎每天都有无伴奏的合唱演出。许多学院还有专门的风琴伴奏合唱团和少年童声唱诗班。后来成为伦敦西敏寺风琴师的奥兰多·吉本斯就是在剑桥这种开一代新风的音乐热中茁壮成长起来的。他当时只不过是剑桥王家大厅学院唱诗班的一个名不见经传的演员，但从此与音乐结下不解之缘。与他同时代的汤姆斯·坎比安原是剑桥大学彼得学院的学者，后来成为一位著名的画家和音乐名士。

伊丽莎白女王此次剑桥之行，为剑桥带来了活力与色彩。她对塞西尔的治学之路十分满意，于是在剑桥大学册封塞西尔为

伊丽莎白女王像

嘉德勋爵。

与音乐活动同样活跃的是剑桥的教学和研究活动。塞西尔不但重视校舍的扩建，还对专业设置进行了一系列的改革，剑桥的文学硕士专业就是在他的亲自主导下成立的。但要把剑桥打造成世界一流的大学，还必须有严格的制度。于是，塞西尔向女王正式提出剑桥大学制度化整顿的议题，女王欣然同意。伊丽莎白女王政府于1570年向剑桥颁布了严格的新章程，对学院生活进行事无巨细的控制，管理范围甚至涉及讲座的时间、学位、辩论以及学生的着装等等，并做了明文规定：大学的权力不是像以往那样在学院院长和大学学监手里，而是集中在副校长和起顾问作用的首脑机关里。同时规定所有大学学生都必须是学院的成员，大学是独立的法人组织，主要由各学院院长进行管理。

1571年，伊丽莎白女王钦定的新校规在议会上作为法案通过。这个新校规被奉行了近300年，对剑桥大学产生了深远的影响。新校规带来的后果是，剑桥大学学习法律的人数大幅度下降，而学习希腊文和拉丁文古典学、圣经经文研究和教学的人数增加了。亨利八世钦定的5个教授席（神学、希伯来语、希腊语、医学和民法）也显示了教学方向的改变以及王室关注的重点。这时的大学考试仍然采取规范化的管理，这不但没有影响剑桥的生源，反而使剑桥的知名度进一步提升。

在塞西尔执掌剑桥大学期间，学院的考试采用的是公开答辩形式。按规定，考试时主考人与应考人都需身穿学袍，主考人可以对应考生多方盘诘，对后者的外表和表现评头论足。这种名曰"三脚凳"的考试方式是因主考人在公开答辩时都坐在三脚木凳上而得名。塞西尔对"三

脚凳"表现出特有的热情，以至于该考试法一直沿用到 1770 年才终止。"三脚凳"也成为剑桥人的趣谈。

塞西尔不仅赋予剑桥更多的精神气质和活力，还在大学的扩张和发展方面做了大量的工作。剑桥镇的面貌因学院的新建和扩张而发生翻天覆地的变化。在 16 世纪下半叶，剑桥大学成为欧洲名副其实的名牌大学。伊丽莎白女王的大臣瓦尔特·弥尔德梅爵士在 1584 年将亨利八世曾经解散的寺院重建，成立了伊曼纽尔学院。

伊曼纽尔学院成立后以传播比较激进的宗教思想为主，很快成为新教徒的主要神学中心。

伊曼纽学院一瞥

但是尽管伊丽莎白女王奉行开明的宗教政策，但清教徒遭杀害的事

走进科学的殿堂

也屡见不鲜。据传，当时该学院有个学者因为在大学里讲道，被关进监狱，被折磨而死。为了寻求合适的宗教发展环境，许多清教徒迁往美国新殖民地。美国哈佛大学就是在这次迁居潮的推动下成立的。由于当时迁往北美的移民中有35个来自伊曼纽尔学院，所以有人把北美的新英格兰地区称为"伊曼纽尔之乡"。

伊曼纽尔学院成立后的10年内，塞西尔几乎没有在剑桥成立新的学院，而把精力集中在现有学院的整合和扩大。伊曼纽尔学院后来也成为剑桥最大的学院之一。

塞西尔在管理剑桥大学期间成立的最后一所学院是1596年成立的西特尼·苏萨斯学院。这所学院建在一座13世纪建成的寺院废墟上。大部分的资金来自苏萨斯伯爵夫人西特尼的遗赠。此后两个世纪内，剑桥没有再建新的学院。

塞西尔是一个值得信赖的人，他喜欢读书并且喜欢收集古文物，他尤其爱好编撰族谱。个人的经

伊曼纽尔学院一景

历使他成熟起来，他对政治的敏感和预见性也超出常人，他既是一个政

再别诗人的康桥——剑桥大学

治天才也是一个出色的外交家。无论在国内还是国外，他似乎都能表现得张弛有度。他待人宽厚，富有思想和智慧。英格兰虽然涉入欧洲国家的新教运动，但是，在塞西尔的努力下，英格兰恢复了国家的声誉，并维护了国家的统一，赢得了女王的赞许："你不会因为俸禄的高低而腐蚀自己的心灵，忠诚于这个国家是你的秉性！"

塞西尔晚年的健康状况每况愈下，但他仍然继续执政。1598 年 8 月 4 日，塞西尔死在了伦敦的家中。他的去世，使女王和剑桥师生痛苦不已，人们十分怀念这位英雄。

塞西尔在剑桥担任校长达 40 年之久，是剑桥大学在位时间最长的校长。他在职期间，剑桥发生了很多变化，到伊丽莎白时代结束，剑桥镇人口已达 5000 之多，并有 13 座教堂和 16 所学院。

塞西尔，一个值得人们尊敬的人，他为剑桥费尽了心血，在剑桥的历史上留下了永不磨灭的辉煌一页。

走进科学的殿堂

阿尔伯特校长的"法令"改革

校长轶事

1838年6月28日，18岁的亚历山大·维多利亚在威斯敏斯特大教堂加冕，登上了英国女王的宝座，维多利亚新时代从此开始。剑桥大学是这个时期受惠最多、影响最深和变化最大的学校之一。

威斯敏斯特大教堂

再别诗人的康桥——剑桥大学

从小在宫廷长大，受过严格教育的维多利亚女王在青少年时期就饱读历史文学著作，熟知各种典章律法，因而当她雄心勃勃地设计国家复兴大计时对教育倾注了相当的热情。在她看来，扩大大学教育是英国强盛的必由之路。1847年，女王作出了一个出人意料的决定，命其丈夫阿尔伯特亲王亲自出任剑桥大学校长，这种做法是极为罕见的。

维多利亚女王

阿尔伯特亲王是一个举止优雅，极具魅力的男人。他学识渊博，兴趣广泛，不但酷爱技术、绘画、建筑，还是一个出色的击剑师，在当时有"走动的百科全书"之誉。他热心于教育事业，1845年，他听取了德国化学家李比希的建议，在剑桥大学创立了英皇家化学学院，并由李比希的学生霍夫曼担任院长。对科学和教育的热爱使阿尔伯特亲王决心把剑桥大学打造成欧洲最具现代意义的高等学府。

早在1843年，女王就曾和阿尔伯特亲王首次访问剑桥大学，并在那里住了好几天，几乎走遍了所有的学院。当她来到圣约翰学院

校长轶事

走进科学的殿堂

的叹息桥时，被它美丽多姿的造型所吸引，连连赞叹它的秀丽和别致。阿尔伯特亲王对剑桥也产生了深厚的感情。

圣约翰学院的叹息桥建于1831年，是连接圣约翰学院的老庭与新庭的唯一通道。它类似一座廊桥，分上、中、下三层。下层是半个椭圆形的桥孔，横跨在剑河上；中间是一条拱形长廊；上层是平顶，顶面的两边均衡地耸立着相互对称的塔尖状装饰。整座桥身的外观呈浅黄色，与威尼斯的叹息桥架结构十分相似，桥名也由此得来。

校长轶事

圣约翰学院的叹息桥

这次访问，阿尔伯特亲王获得了剑桥大学授予的荣誉学位。这似乎是为亲王日后担任剑桥大学校长打下了一个伏笔。

阿尔伯特亲王新上任就走访了剑桥所有的学院，当他看到剑桥

48

再别诗人的康桥——剑桥大学

大学学习之不严肃和脱离实际的情况时,感到非常震惊。于是,他提出在剑桥增设自然科学和道德科学课程的主张。1850年,政府派皇家委员会到剑桥进行实地调查,并在1851年设立了自然科学和道德科学的荣誉学位考试。同一年,在阿尔伯特的提议下,剑桥大学增设了迪斯尼考古教授席,新任命的教授和讲师的质量也较以前提高了。同时,剑桥还取消了王室在王家大厅学院成立时规定的王家大厅学院不受艾里主教和大学校长管辖,学生可不经考试而得到大学学位的有关条款。剑桥大学教育又得到了一次深入改革。

1856年,英国议会在研究了皇家委员会在剑桥大学的调研成果后,通过了"剑桥大学法令"。法令规定大学的最高权力机构仍然是评议会,评议会由校长、副校长、全体毕业硕士生和博士组成。它的权力由其住校并在大学里积极活动的成员行使。该机构轮流选取出一定比例的行政人员组成评议会理事会。学校的教学考试由另选出的一个机构负责,称学部总委员会(1882年正式成立)。财务委员会则负责开支、产业和提供新建筑。另外,各个系有管理委员会和学位委员会,还有专业的本科生图书馆,各系向学

阿尔伯特亲王

部总委员会负责。

　　法令规定大学重新行使监督学院的职责，不再由学院掌权，但学院要向大学交纳更多的基金。

　　1856年，议会通过法令，取消了剑桥大学校长长期垄断的许多特权，镇长和镇议会也不再需要宣誓加以维持了。

　　阿尔伯特校长的"法令"改革，使剑桥大学在体制管理和教育教学方面都得到了改革更新，为剑桥向更全新化、更合理化的发展产生了十分重要的影响。

校长轶事

强者风范

再别诗人的康桥——剑桥大学

饱受磨炼的智者

1890年，罗素进入剑桥大学三一学院学习，后来成为一代名人。他是20世纪英国声誉最著、影响最大的思想家之一。

1872年5月18日，罗素出生于英国蒙茅斯郡的拉文斯克洛夫特一个古老而显赫的贵族家庭。他不仅对许多哲学问题进行了多方面的深入研究，而且对于数学、逻辑学、自然科学、教育等许多领域都极为关注，写出不少有价值的论著。他的曾祖父是内贝持福德公爵六世，为皇家宠臣。他的祖父约翰·罗素爵士在维多利亚时代是著名的首相。罗素的父母在思想上自由、激进，政治上态度开明。因为支持节育和女权运动，罗素的父亲注定在政治上前途暗淡，于是退隐乡下从事学术思想的研究和著述。英国著名的

罗 素

强者风范

走进科学的殿堂

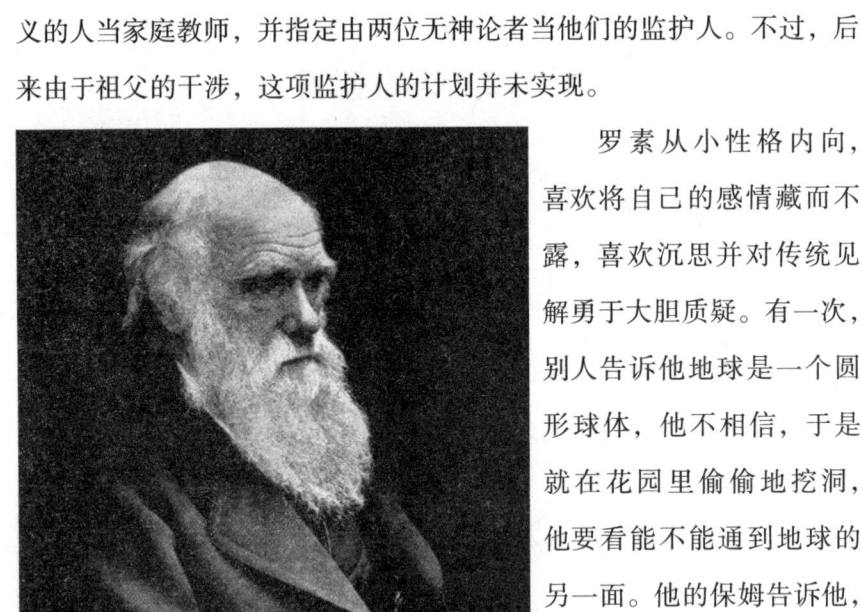

哲学家、自由主义者约翰·斯图亚特密尔是罗素父母的亲密朋友，也是他非正式的教父。他父母曾为他和他哥哥聘请了信仰无神论和达尔文主义的人当家庭教师，并指定由两位无神论者当他们的监护人。不过，后来由于祖父的干涉，这项监护人的计划并未实现。

强者风范

达尔文

罗素从小性格内向，喜欢将自己的感情藏而不露，喜欢沉思并对传统见解勇于大胆质疑。有一次，别人告诉他地球是一个圆形球体，他不相信，于是就在花园里偷偷地挖洞，他要看能不能通到地球的另一面。他的保姆告诉他，他睡觉时有天使在他旁边守护，他于是假装睡着，然后突然睁开双眼，希望能看到天使。当然，这两个试验，他都得到了否定的答案。有一次，他读一本名为《爱尔兰历史》的书，书中说在洪水来临之前就有人到了爱尔兰，但这些人后来全被洪水淹死了。罗素马上想到，既然人已经全部死去，作者又是怎么知道这段历史的呢？于是他对这本书产生了厌恶感，最后放弃了这本书。

罗素15岁时开始为宗教教义的真实性苦恼，他既对这些教条心感

怀疑，但又怕别人知道他的怀疑情绪。他在16岁生日前后把他的怀疑和思索用希腊文字母秘密地记录下来。经过一段时间的思考，它终于逐个地否定了自由意志、灵魂不灭和上帝存在等神学教义。

1890年，罗素进入剑桥大学三一学院专修数学。剑桥为罗素展示了一个新天地，这里的气氛和他家中相反，开放、自由、新鲜活泼。学生们学习用功，广泛阅读各种书籍，在哲学、政治、文学、宗教、历史等广泛领域进行探索。剑桥是人才荟萃的地方，比如，罗素的指导教师就是怀特海。在他的同学中也有不少后来成为著名学者，如著名哲学家穆尔、麦克塔格特，经济学家凯恩斯等人。一次，罗素在剑桥学习中曾问他的教师哲学家穆尔："你认为谁是您最好的学生？"穆尔不假思索地回答："维特思坦！""为什么？""因为在我所有的学生中，只有他一个人在听我的课时，老是有一大堆的问题。"罗素是伟大的哲学家，可后来，维特思坦很快超过了他，可见在剑桥厉害的人很多，

黑格尔

走进科学的殿堂

真是人才济济。剑桥的优秀人物组织了一个不公开的团体,名为"协会",这个团体定期举行整日的或彻夜的讨论,话题包罗万象。罗素在这个小团体中吸收智慧,磨炼谈锋,显露才华,与他在旧日深宅大院中的羞涩、沉默,完全判若两人。

罗素在剑桥大学学习了3年数学,虽然以优异的成绩通过了学位考试,但他发誓:再也不念这种只注重技巧而不重视技巧而不重视理论证明的数学了。出于对这种教育方法和制度的反感,他从第4年起改学哲学。他立志要像黑格尔那样,建立一套哲学体系,献身于哲学事业。于是他考试之后几乎把数学书全卖了,并且下决心再也不搞数学。不过,照罗素后来的观点来看,他研究哲学的第一步就走错了方向。当时统治英国的哲学思潮是黑格尔主义,这是在19世纪中叶,由于英国传统经验主义的片面性和狭隘性暴露殆尽之后,由斯特林、格林等人倡导的在英伦三岛复兴黑格尔哲学的一场运动。罗素转向哲学的那年,英国哲学界的一件大事就是著名的新黑格尔主义者布拉德雷出版他那部代表作《现象与实在》,而在剑桥大学内,麦克塔格特也成了一个重要的新黑格尔派的代表。正是在这种形势下,再加上麦克塔格特的影响说服,罗素成了一个新黑格尔主义者,并写了一些用黑格尔的辩证法和矛盾观研究问题的文章。不过,在1898年底,罗素追随穆尔反叛了黑格尔哲学。穆尔之所以否定黑格尔主义,是因为他坚持常识的见解。

1895年,罗素以论文《论几何学基础》获得剑桥大学研究员资格。罗素在数学基础与数理逻辑方面的工作,无论在数学上还是在逻辑上都具有里程碑式的重要意义。罗素不仅第一个提出、应用、证明分析方法是适当的哲学方法,而且是现代分析方法最主要的实践者。不少哲

家，比如 20 世纪最负盛名的大哲学家维特根斯坦正是在他的影响下成长的。在 20 世纪 20 年代末到 30 年代，分析哲学形成现代哲学中最有影响的思潮之一。尽管它们千变万化，罗素哲学中的一些根本特点还是极为明显的。

1900 年，罗素接触到布尔和皮亚诺的符号逻辑，罗素读了皮亚诺的著作后感觉他之前的许多问题都有了结果。1901 年，罗素开始与怀特海合作，试图用逻辑将全部数学推导出来。经过 10 年的奋战，罗素最终写成 3 卷本巨著《数学原理》。这部著作对数理逻辑的发展产生了重要影响，也使罗素本人获得了崇高的声誉。在书中他提出了著名的"罗素悖论"，这对 20 世纪初关于数学基础的论战产生过极大影响，也就是所谓"第三次数学危机"。

1910 年 10 月，罗素回到母校剑桥，讲授逻辑和数学原理。他从逻辑出发，创造了分析方法，在逻辑哲学、认识论乃至本体论等纯粹哲学方面作出了重

维特根斯坦

走进科学的殿堂

大贡献,开辟了现代哲学的一个新方向,后来发展成为现代英美哲学中最有影响的哲学流派之一。

1912年,罗素与维特根斯坦相遇,诱发了其哲学思想上的转机。这两位20世纪大哲学家的相遇,引起了20年代欧洲哲学界的革命性的变革。1914至1917年,罗素参加反战运动,1918年由于两篇文章而被法庭以侮辱盟国的罪名判处6个月监禁。1920年,罗素访问苏联、中国,此后一直以写作和到美国讲学来维持生计。1938年应邀赴美国讲学,在美国逗留了5年半,1944年回到英国,在三一学院讲了两年哲学,1950年获诺贝尔文学奖金。1970年去世。他的主要著作有:《社会改造原理》(1916年)、《自由之路》(1919年)、《婚姻与道德》(1929

加州大学

年)、《教育与美好生活》(1926年)、《教育和社会秩序》(1932年)、《西方哲学史》(1940年)、《人类的知识：其范围和限制》(1944年)、《自传》(1967—1969年)。

罗素一向热衷于政治理论的探讨，并积极参与各种政治活动。这使得他在社会政治中得到了锻炼，同时为他后来闻名于世的哲学思想积累了经验。有人说，罗素所发展起来的逻辑分析方法、胡塞尔的现象学分析方法和辩证法是当代哲学最重要的方法。这表明罗素的哲学思想有着深远的影响。罗素的思想体系标榜方法论、重视认识论而忽视本体论。实际上发展的必然结果就是取消哲学基本问题。

在教育上，罗素开创的分析主义学派产生了相当大的影响。这一学派注意于分析和澄清教育概念和语言结构的意义，集中于探究问题的方法而不在寻求探索的对象，极力排除一切不能严格证明的那些没有意义的因素。

具体到罗素的《教育与美好生活》这部专著来看，这部著作充满了怀疑精神和向传统观念挑战的勇气，通过评估现有的各种教育制度，批驳了陈腐的传统观念，并提出了一系列全新的教育改革方案，其中大部分已被证明是正确的。他分别站在家长、教师、学生和社会的角度上观察问题、思考问题。道德教育从婴儿期一直讲到青春期，智育则从幼儿园一直讲到大学毕业。他还详述了学校和专业的选择，课程安排、学习方法、授课技巧和美感培养等具体问题，立论有据，极富哲理，处处表现出哲学家思想的深刻性。该书对于当今的教育仍具有借鉴意义，目前已有多种语言译本出版，传播颇为广泛。

罗素在整个第二次世界大战期间，即从1938年到1944年整整6

走进科学的殿堂

年,都是在美国度过的。在远离故土、漂泊异国的6年中,他经历了不少艰难困苦。1938年3月,罗素应芝加哥大学邀请去当客座教授。在当年他又撰写《权力》一书,主张实现"驯服权力法",以限制某些政客的权力欲望。在这之前,他已于1924、1927、1929、1930年和1931年多次去美国作旅行讲演。罗素在芝加哥大学讲授"语言和事实"这一哲学题目,他听说美国人不喜欢课程是单音节的字,便改为"口语和身体运动习惯的关系"。由于气候、环境条件不好,再加上该校校长倾向于新托马斯主义,与他意见不合,因此他聘约未满期就应聘到了加州大学。该校风气保守,罗素接到纽约市立大学邀请后,辞去了该校的工作。但就在这时,纽约主教马宁和其他保守分子指控罗素是一个反宗教、反道德,鼓吹性放纵,败坏青年的邪恶分子,反对对他的任命,最后纽约市法院也判决解除罗素的教职。著名学者爱因斯坦、杜威、怀特海和其他人联合起来支持罗素,也没有成功。由于战争,罗素无法取得在英国的版税,他一家四口,儿子、女儿都到了上大学的年龄。而且,由于保守派的攻击,他无法找到为报纸写文章的机会,因此在哈佛短期讲学结束之后,他的处境十分狼狈和窘困。正在走投无路之际,幸好

爱因斯坦

再别诗人的康桥——剑桥大学

一个百万富翁巴内斯请他为自己设立的艺术基金会讲哲学史，不过巴内斯这个人脾气古怪，不久就无理地解除了聘约。罗素费了九牛二虎之力才打赢官司，但是，直到罗素以后回到英国，才得到赔偿费。不过，罗素的讲稿后来整理发表，成了很有名气、流传很广的《西方哲学史》一书。

1944年，罗素从美国返回祖国。回国之后，他的地位有了显著的改善。剑桥大学三一学院聘请他教哲学，讲课时盛况空前，慕名前来听课的学生连大教室也容纳不了。他在教学、研究之余还经常举行讲演，并在电台上讲解时事，谈哲学问题，与宗教界人士辩论。罗素这一时期比较支持政府的政策，他还主张西方各国联合起来，一致对付苏联。因此，英国政府利用他的口才和声望，派他到西欧各国作巡回讲演，谈论国际形势，宣传对苏联的警惕。1948年，在他去挪威时，飞机不幸失事，但是因为他喜好抽烟，只能呆在后舱，所以才幸免于难。1949年，他获得英国的荣誉勋章。

强者风范

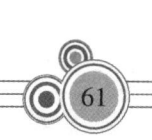

走进科学的殿堂

意志坚强的诗人

强者风范

　　1608年12月9日,约翰·弥尔顿出生在伦敦的一个富裕的清教徒家庭。弥尔顿的祖父是奥德福郡一名殷实的农夫,笃信罗马天主教。他把光宗耀祖的希望寄托在儿子约翰(弥尔顿的父亲)身上,所以送他进了牛津大学。不料,约翰在大学里抛弃了罗马天主教,却改信了英国国教。他的父亲闻讯后极为气愤,几次劝他皈依旧教,都无济于事,结果将他撵出家门,并宣布同他断绝父子关系。约翰被父亲撵出家门以后,辗转到了伦敦,靠着几个朋友的帮助,当上了书记员。他凭着自己的才能和毅力,在伦敦混得相当不错,没过几年就积聚了一笔财富,于是又和别人合股兼做起钱庄生意

弥尔顿

来,并且娶了一位贤惠的妻子,一家人挺舒服地住在伦敦奇普赛德地区布雷德街上的一幢房子里。诗人约翰·弥尔顿就出生在那里。他与他的父亲同名,在家里排行第二,姐姐名叫安妮,弟弟克里斯托弗,成年后成为一名律师。

为了弥尔顿,父亲在他身上不惜花费金钱和时间,因此弥尔顿自幼就受到良好的文化教育。父亲把他送到当时颇有名望的圣保罗学校就读,校长亚历山大·吉尔是牛津大学的硕士,"在同时代人当中,他的教育方法没有人能比。"把儿子送进这样的名牌学校,弥尔顿的父亲尚嫌不足,又特意聘请了一名家庭教师,除了帮助弥尔顿复习在校所学的拉丁文、希腊文和希伯来文之外,还教他欧洲的其他主要语言。这位家

圣保罗学校

庭教师也不是一般人物，而是当时有名的大学者托马斯·扬。正是他引导弥尔顿对古典文学和诗歌产生了浓厚的兴趣。弥尔顿的父亲本人酷爱音乐，业余还热衷于创作歌曲。从弥尔顿能开口学说话的时候起，父亲就教他音乐。诗歌和音乐在弥尔顿的头脑中融为一体。他后来写作的诗句都有强烈的音乐感，实为英国诗歌中的珍品。

学校、家庭教师和父亲的心血并没有白花，小弥尔顿往往一拿起书本就忘掉了一切。他自己后来说："我自12岁起，每日读书必至子夜方才就寝。"在圣保罗学校毕业之前，他就打定了主意，要用诗歌把自己的理想和观点表现出来。他很小的时候就开始练习写诗。现存的他的早期诗文习作中，有两篇是他在15岁时用英文翻译的《圣经》大卫诗篇的第114首和第136首。

弥尔顿在刚满16岁的时候进入剑桥大学的基督学院，入学后他不满意课程安排的内容，尤其对指导教师威廉·查佩尔禁止他看古代戏剧等书籍很是反感。因此从1626年3月起，弥尔顿同校方产生了矛盾，后来被勒令停学。弥尔顿对此反而感到高兴，因为他回到家就有时间可以看自己喜爱的古典作品了。他说："它们是我的命根子。"过了一个阶段，他被允许复学，并且取得了意想不到的胜利——校方给他换了一个导师。他在校内不但才能超群，而且在道德品质方面是个出名的正人君子。许多喜爱追求酒色的同学对他很不以为然，故意称他为"基督学院的正经女人"。弥尔顿对此不甚介意，仍然埋头于攻读各类书籍和练习写诗，渐渐地用学问在教师和同学中为自己树立了很高的威信。1629年3月，他成了剑桥大学的学生。1632年7月，弥尔顿又获得了该校的硕士学位证书。弥尔顿在剑桥留下了许多难忘的回忆。

再别诗人的康桥——剑桥大学

当他 24 岁毕业离校时，教师们再三挽留他留校任教，他却一味摇头。当时，要想在剑桥大学任职，就必须先成为国教教士，这正是弥尔顿最不愿意干的事。作为一个清教徒，他对国教的某些教规和国教教士的所作所为非常反感。后来他在一篇文章里提到，他当时不愿担任圣职，是因为他不想在一个实行主教统治制的教会里"卖身为奴"。弥尔顿忠于自己的信仰和追求。

在剑桥学习的 7 年时间里，弥尔顿写了不少诗。当时，许多文人以能用拉丁文写诗为荣，弥尔顿也写了一些拉丁文诗和意大利文诗，但他已开始形成了要用本族语——英文写诗歌的念头。1628 年 7 月，他在一篇用英文对句写的序文中声称，他决定要在写作中使用英文来探讨自然与人这样深奥的主题。现存的他写的最早的一首英文诗是 1628 年创作的《悼念小宝贝》。那是用伊丽莎白时代的诗歌风格写的一首挽诗，哀悼他姐姐的婴儿安妮·菲利普斯之死。他在 21 岁生日后不久，写了《圣诞节晨赞》。这首诗被公认为是弥尔顿英语诗歌中的第一篇杰作，因为它表明作者无论在选择宗教题材方面还是在写作技巧方面都已臻成熟。这一时期创作的诗歌中，尤其值得一提的是姐妹篇《快乐的人》和《幽思的人》。这两篇可能是 1631 年弥尔顿在父亲的乡村别墅里度假时写的。这两首诗在描述恬静的田园风光时，把自然界的美写得细致入微，读来犹如身临其境。更为重要的是，弥尔顿写自然意在写人，自然景色描写与人物感情变化息息相通，形象塑造之中处处寓有人物的思维反应。这两首诗的轻松活泼的笔调同弥尔顿后期作品里气壮山河的严肃语气形成鲜明的对比。两篇作品韵味十足，深受人们喜爱。

走进科学的殿堂

从剑桥大学毕业后，弥尔顿既不愿意在国教里任职，又不想干父亲的老行当。他坚信自己肩负着上帝赋予的一项重任——用诗歌阐明上帝的真实旨意。要完成这项重任，就必须潜心修养，切不可草率从事。因此他从1632年到1638年并未从事任何职业，只是同父亲住在一起，天天埋头苦读，生活上靠父亲负担。头三年，他们住在哈默斯密斯。后来他父亲退休，他们又一起搬到白金汉郡最南端的霍顿村，住在一座农舍里。那里景色宜人，完全像田园诗中所描写的那样，小河流水潺潺，牧场绿草成茵，近处有茂密的树林，远方耸立着庄严的温莎城堡。弥尔顿

强者风范

白金汉郡

在这样的环境中修身养性，大量地阅读各种希腊文、拉丁文、法文、意大利文和英文著作，为以后自己写杰作打下了扎实的基础。后来他谈到

再别诗人的康桥——剑桥大学

那几年的生活时，深有感触地说："多年苦读，反复思考，皆为了探索宗教的与世俗的真谛。"

弥尔顿一边潜心攻读，一边坚持不懈地写诗。他相信这些创作活动都是在为自己今后写杰作打基础。1634年9月19日，什罗普郡的拉德洛城堡里举行盛大的联欢活动，庆祝布里兹沃特的伯爵约翰·埃格登荣任威尔士主管大臣。城堡里演出了假面剧《科玛斯》，博得观众的阵阵掌声。人们纷纷打听作者是谁，当被告知是约翰·弥尔顿时，不少人咋舌称奇，因为他们以前尽管听说过弥尔顿很有学问，但总认为他是个年近30尚未能成家立业的书呆子，想不到他竟然能写出这么优美的诗句。

意大利一景

弥尔顿这次大出风头，还得感谢当时英格兰最有名的作曲家亨利·劳

走进科学的殿堂

斯。埃格登伯爵在接到任命后决定庆祝一番，于是请劳斯创作一个假面剧。劳斯作曲后想找个人填词，但又怕别人粗制滥造，败坏他的名声。这时，他想起了弥尔顿，觉得完全可以放心地请他填词，因为他早就认识弥尔顿，也很赏识他的才能。正是如此，弥尔顿才有了大显身手的机会，经历了 9 月 29 日那一番掌声雷动的场面之后，弥尔顿对自己信心大增。

后来，弥尔顿又有了一个显示才能的机遇。1637 年 8 月，弥尔顿在剑桥念书时的老同学爱德华·金在赴爱尔兰新教区上任途中不幸溺死在大海里。他的老同学们决定每人写一首挽诗，编成诗集，以此悼念。该集子共收拉丁文、希腊文及英文挽诗 35 首，除了弥尔顿写的《莱西

强者风范

佛罗伦斯一景

达斯》之外，其余的均为平庸之作，毫无文学价值。《莱西达斯》不仅

写得情真意切，而且语言优美，因此它尽管被编排在全集的末尾，却至今仍被许多评论家认为堪称英语短诗中之佼佼者。可见，弥尔顿才华卓越。

弥尔顿是一个有才华的人，也是一个执着的人。1638年5月，弥尔顿带着一名仆人去意大利旅行。他在动身离英国前，请人写了几封介绍信。写信人之一是伊顿公学的校长亨利·沃顿爵士。亨利爵士曾在意大利居住多年，对那里的风土人情十分熟悉。他怕弥尔顿到了天主教势力占绝对统治地位的意大利后，仍然直言不讳地谈论自己的新教观点，惹出许多麻烦，因此忠告弥尔顿道："思想不暴露，外表要开朗，就能走遍天下无灾祸。"但是，他的忠告对弥尔顿无济于事。弥尔顿到了罗马后，丝毫也不隐瞒自己的宗教观点，许多拿到介绍信的意大利人慑于宗教裁判所的淫威，只得违心地将他拒之于门外。弥尔顿这种性格，也许只有他自己认可了。

弥尔顿到达欧洲后，先在巴黎逗留了两个月，然后取道尼斯和热那亚，于8月份到达弗罗伦斯，在那里住了两个月。弗罗伦斯有五六个学会，弥尔顿很喜欢去那里听意大利学者们讨论各种学术问题，那些意大利人也很欢迎弥尔顿参加他们的讨论，他们之间相互交流学习。在弗罗伦斯时，弥尔顿曾打算去看望著名科学家伽利略，但因当时宗教裁判所禁止伽利略接触任何非天主教徒，因此弥尔顿未能见到他。离开弗罗伦斯后，弥尔顿又去罗马待了两个月。在那里的一次音乐会上，他听到了当时世界第一流歌手莱奥诺拉·巴甸纪的歌唱，并为之倾心，于是写了几首拉丁文诗赞美她。另外，他还写过5首意大利文诗，赞美一位身份不明的女郎。11月底，弥尔顿离开罗马去那不勒斯，并打算以后去西

西里及希腊，但这时获悉英国国内政局动荡，"于是时，我却在国外悠然自得，我认为那是很不光彩的。"话虽是这么说，他却并没有立即返回祖国，而是又到罗马去待了两个月，然后于1639年春又去弗罗伦斯，因为那里的各个学会对他的吸引力实在太大了。这一次，他在阿切特里附近伽利略的家里见到了这位备受罗马教会迫害的大科学家。伽利略当时已是老态龙钟，双目失明，但斗志却依然不减当年。这次会面在弥尔顿的脑海中留下了不可磨灭的印象。

那不勒斯一景

弥尔顿离开弗洛伦斯后，从波洛尼亚翻过亚平宁山脉，然后取道弗拉拉到达威尼斯，稍事逗留后，又越过阿尔卑斯山到了日内瓦。在那里，他拜访了老朋友查尔斯·迪奥达蒂的叔父乔万尼·迪奥达蒂。乔万尼告诉他，查尔斯已于1638年8月在伦敦去世，弥尔

顿听后悲痛欲绝。1640年年底，弥尔顿回国。为了悼念查尔斯，他用拉丁文写了首挽诗《悼念达蒙》。此诗写得真情意切，被认为是他的拉丁诗中最好的作品。

1639年8月，弥尔顿回到英国，在伦敦租了幢房子，把姐姐安妮的两个儿子约翰·菲利普斯和爱德华·菲利普斯接来同住，并开始教他们读书。以后，又有几个朋友的孩子陆续来拜他为师，因此他自己也有了一些经济收入，但生活上主要还是依靠父亲的资助。

当时，英国国内政治斗争和宗教斗争日趋激烈，弥尔顿渐渐地也卷入了震撼全国的社会大变革。在1640年至1660年这20年期间，他把年轻时打算创作史诗的计划束之高阁，改为撰写适应政治斗争和宗教斗争需要的政论文，一共写了25篇（其中4篇用拉丁文写成）。这25篇政论文在内容上可分为6类：教育制度1篇，婚姻制度4篇，宗教论战9篇，政治问题8篇，言论出版自由1篇，个人之间的论争2篇。这些文章总的指导思想是："当上帝的教会被穷凶极恶的敌人践踏在脚下时，英国人民必须奋起捍卫自己的自由权利。"

1642年夏，弥尔顿突然离开伦敦，在"失踪"一个月后，带回来一个新娘，使他在伦敦的朋友们都大吃一惊。新娘名叫玛丽，年方17，是奥福德郡一名保王派乡绅理查德·鲍威尔的长女。理查德自1627年起就同弥尔顿家有来往，而且还欠了弥尔顿的父亲一笔钱。弥尔顿当时已有35岁，自以为找到了贤内助。但是，还没等过完蜜月，他就发觉玛丽根本同诗书无缘，并不是他理想中的妻子。玛丽对婚后的生活也很失望。新婚一个月之后，玛丽就寻找借口逃回娘家，尽管弥尔顿几次写信催她回来，她却都不予理睬。在这种情况下，1643年，弥尔顿写了

一篇《离婚准则》，在随后的两年中又写了三篇同一题材的论文。这四篇文章使他在英国公众中的声望大为下跌。许多人都认为，主要的起因是弥尔顿自己在婚姻问题上的不幸遭遇。主张离婚的条件不应仅以夫妻中一方有外遇为准，议会应立法允许夫妻感情不和者离婚。他在文章里还详细地阐述了清教徒（亦即他个人）在婚姻问题上的观点，认为婚姻结合应以互敬互爱和思想感情息息相通为基础。他的观点同传统观念大相径庭，因此文章一经发表，保王派和长老派都指责他大逆不道，议会也未理睬他要求通过新的离婚法案的呼吁，玛丽及其家人对他更是恨之入骨。

1644年，弥尔顿另外还写了两篇重要文章。在《论教育》中，他指出旧教育制度把学生培养成"愚昧无知、盲目崇拜"的教士、见钱眼开的律师或者只知吃喝玩乐的纨绔子弟。因此，他提出教育必须改革，教育的目的是让学生成为有文化有修养的市民和领导人物，教育的基础应是学习古代经典著作，并以《圣经》和基督教教义为准绳。在《阿理渥派其蒂楷》（致议会的呼吁书）中，弥尔顿采用对议会演说的形式，为出版自由大声疾呼。并且他在该年11月故意不征求书刊检查机构的同意，擅自印刷了这篇文章，以表示对书刊检查制度的蔑视。

随着时局变迁，到了1645年，保王派军队惨败，持清教观点的弥尔顿成了不可等闲视之的人物。于是，理查德决定让女儿同弥尔顿和解。他托几个朋友暗中策划，让玛丽同弥尔顿在伦敦邂逅。两人一见面，玛丽就屈膝下跪，请求丈夫宽恕。这一招着实高明，弥尔顿当场软了下来，不仅宽恕了妻子，而且还在1646年6月理查德·鲍威尔的家乡被独立派军队攻陷后，把他们全家10口都接到自己家里住了一年多。

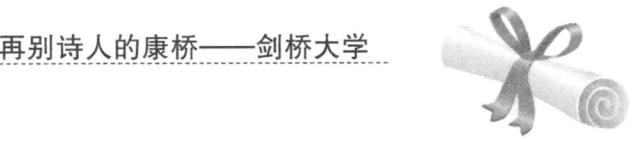

夫妻和解以后，玛丽生了三个女儿：安妮玛丽和德博拉。其间她还生过一个儿子，但未能成活。玛丽本人在生下德博拉后几天就去世了，时年26岁，弥尔顿伤心欲绝。

后来，1649年英王查理一世被议会派送上断头台。两周后，弥尔顿发表了他的第一篇政治性论说文《论国王与官吏的职权》。他指出，君王的权力来自人民，后者有权废黜甚至处死滥用职权的暴君。随着王室的倒台，弥尔顿认为和平在即，自己终于可以实现多年的夙愿，坐下来写杰作了。但是，弥尔顿没有想到，更艰苦的工作正等着他去做。3月13日，克伦威尔政府派人同弥尔顿洽谈，请他担任外交事务委员会的外文秘书。弥尔顿毫不犹豫地同意了，尽管他知道写杰作的计划必须再次推迟，而且自己的视力已在明显地减退，不适宜再去做秘书之类极费眼神的工作。3月15日他就去政府所在地白厅报到，以后又为了工作方便，干脆把家从郊区搬到白厅附近，在那里一住就是9年，直到王政复辟前夕才离开。

查理一世

弥尔顿的主要任务是用拉丁文处理英国政府与欧洲各国政府之间的来往文牍。有外国使节来访时，弥尔顿也经常被请去当翻译。有一件颇具讽刺意味的事情：当初曾为出版自由大声疾呼过的弥尔顿，在1651

年兼任了克伦威尔政府的主要喉舌《市民信使报》的检查官,他可真是让人搞不懂。查理一世被砍头之后,流亡在欧洲的他过去的牧师约翰·甘顿根据他遗留下来的文字编纂了一本《帝王之相》,偷偷地在英国散发,唤起了一些英国人对王室的同情,以致于后来流传甚广,连续印刷达47次之多。克伦威尔政府对此大为震惊,授令弥尔顿用拉丁文撰文批驳。弥尔顿遂写了一本242页的小册子,名为《破帝王之相》。流亡在海牙的英王子查理二世不甘示弱,又请海牙附近莱顿大学的拉丁文教授克劳迪亚斯·赛尔马修斯写《为查理一世陛下声辩》,指责英国人民

克伦威尔

犯了弑君之罪。弥尔顿又受命反驳,于1651年3月发表《为英国人民声辩》。欧洲的知识界怀着极大的兴趣静观弥尔顿和赛尔马修斯之间的论战,因为他们未曾想到英国竟然会有这样的人才,敢于而且能够同欧洲最有名望的拉丁文教授抗衡。论战的胜利并未给弥尔顿事业带来多大的喜悦。他正面临着永远失去光明的厄运。

1650年左右,弥尔顿的左眼失明。医生告诫他,如再看书写字,

右眼也将保不住。但是，他不假思索地说："我决意竭尽全力，把尚存的那一点视力用于为大众谋利益。"1652年上半年，他终于双目失明，

莱顿大学

当时年仅43岁。尽管如此，他仍不愿退出战斗，继续用口述的方法翻译文牍，撰写文章，一直工作到1659年。弥尔顿的执着精神十分可贵。

为了争夺海上贸易控制权，1652年初，英国同荷兰开战。同年3月，海牙刊印一本拉丁文小册子，把查理一世的被杀同耶稣的遇难相提并论，而且点名攻击弥尔顿。那本小册子的作者彼得·迪穆兰当时住在英国，他把手稿送到海牙后，由亚历山大·莫勒斯审阅并写前言，出版时只印了莫勒斯的名字，因此弥尔顿视他为仇敌，花两年功夫用拉丁文写了《再为英国人民声辩》，予以还击。他列举共和国取得的成就（但

也趁机告诫克伦威尔切不可搞个人专制），并对莫勒斯进行了猛烈攻击。莫勒斯自然不甘心处于被动挨打的地位，于是相互间交锋了好几个回合，从政治论战演变到了个人间的互揭隐私。两个人的论战持续了很长时间。

1659年，弥尔顿又发表两篇论文。一篇《论教会事务中的世俗权力》主张宗教信仰自由，当然也未忘掉把他认为十恶不赦的罗马天主教排除在外。另一篇《清除教会中名利之徒的最可行的方法》，该文再次呼吁恢复基督教的原宗旨。1660年3月，人人都已意识到查理二世不久将回英国执政，弥尔顿却仍然不甘心失败，又发表了《建立自由共和政体之简易方式》。他是决心奋战到底。

弥尔顿忙于论战，在1640年至1660年那20年间，弥尔顿的诗歌创作不多，除了英译一些宗教赞美诗外，只写了17首十四行诗。1646年初，他的《诗集》问世（出版日期标为1645年），但那里收集的英、意、希腊和拉丁文诗都是他在资产阶级革命时期以前写的。他在1642年至1658年期间写的十四行诗多数同个人经历

查理二世

有关，如：两首写他自己的失明，一首怀念1656年嫁给他、两年后死在产房里的后妻凯瑟琳·伍德科克。弥尔顿后来在写《失乐园》时，把这种庄重的风格又推向一个新的高度。让人们感受到了诗人内心的情感。

查理二世登基，1660年5月底封建王朝复辟。同年夏，封建统治者签发了逮捕弥尔顿的命令，朋友们冒着生命危险把他藏了起来。8月29日，《大赦法令》颁布，赦免资产阶级共和政权的支持者。弥尔顿本认为自己也在被赦之列，因此又在公开场合露面，不料反而被抓了起来，后来通过朋友的疏通，才于12月15日获释。但是，统治当局还是命令一名刽子手在绞刑架下当众焚毁弥尔顿的两本书，象征性地以示惩罚。这样，弥尔顿重获了新生。

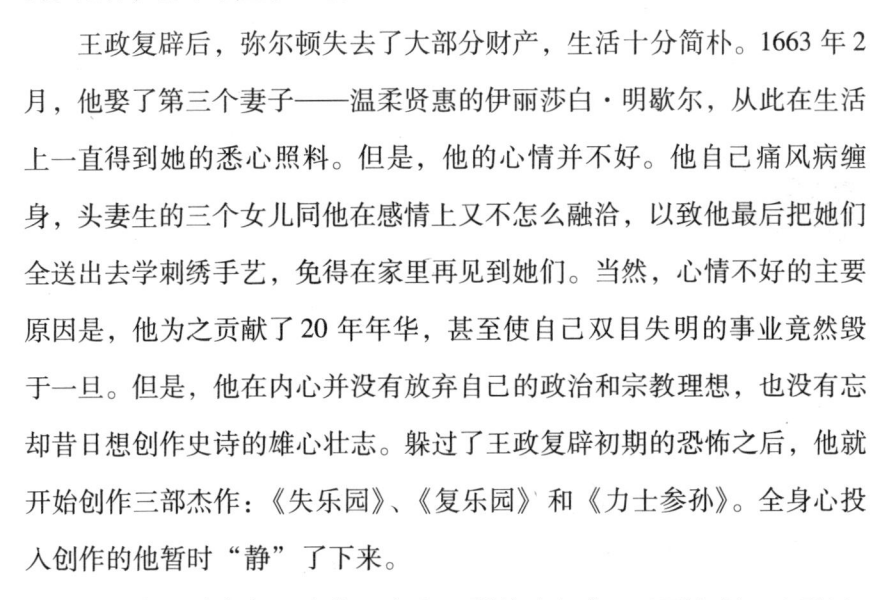

王政复辟后，弥尔顿失去了大部分财产，生活十分简朴。1663年2月，他娶了第三个妻子——温柔贤惠的伊丽莎白·明歇尔，从此在生活上一直得到她的悉心照料。但是，他的心情并不好。他自己痛风病缠身，头妻生的三个女儿同他在感情上又不怎么融洽，以致他最后把她们全送出去学刺绣手艺，免得在家里再见到她们。当然，心情不好的主要原因是，他为之贡献了20年年华，甚至使自己双目失明的事业竟然毁于一旦。但是，他在内心并没有放弃自己的政治和宗教理想，也没有忘却昔日想创作史诗的雄心壮志。躲过了王政复辟初期的恐怖之后，他就开始创作三部杰作：《失乐园》、《复乐园》和《力士参孙》。全身心投入创作的他暂时"静"了下来。

1665年，弥尔顿一家搬至白金汉郡的沙尔芬—圣贾尔斯。在那里，他的生活既宁静又有规律。每天清晨，他于4点钟起床，然后头一件事

就是叫人念希伯来文的《圣经》给他听。整个上午，他用于思考问题，听别人朗读各种作品，或者口述他在前一天晚上构思好的诗句，请别人笔录下来。他在口述时总喜欢侧身而坐，一条腿搁在椅子上的扶手上。午饭后，他通常在花园里散步，并继续思考自己的诗作，然后再到书房听别人朗读各种文本的作品。晚饭一般在8点钟开始，他因为有痛风病，所以吃得不多。晚饭后，他抽一烟斗的烟，喝一杯水，在9点钟左右上床。在弥尔顿生活中唯一的消遣是音乐，这是他从小就从父亲那里继承的一种爱好。他风琴弹得很好，提琴也拉得不错，有时还自拉自唱，唱到高兴时，常常忘了病痛。

平淡的时光里，弥尔顿并不感到孤独。除了紧随在身旁的妻子外，经常有不少年轻的崇拜者主动地来为他朗读作品或笔录诗句，弥尔对此乐此不疲。

弥尔顿晚年的宗教观点与他年轻时候的有所不同。他在大学毕业前是一个低教会派的国教教徒。观点上倾向清教主义和卡尔文主义。1641年，他已变成长老会教徒；在1649年左右，又转向独立派。最后他干脆抛弃一切宗教倾向，把资产阶级共和政权视为其信仰对象。

弥尔顿晚年创作主要体现在他的三部杰作中，这三部杰作是他对过去和一切的回忆与思索。1665年，弥尔顿完成了长约一万行的史诗《失乐园》，其中除一小部分可能是在1655年至1658年写的以外，多数是他在身处逆境时的创作成果。《失乐园》的故事取自《圣经·旧约》描述夏娃和亚当由于意志薄弱，经不起撒旦的引诱，偷吃了知识树上的禁果，被上帝逐出天堂乐园。弥尔顿意在通过夏娃和亚当的堕落，说明英国资产阶级革命的失败也在于缺乏理性，意志不坚。

1671 年，弥尔顿的长诗《复乐园》和诗体悲剧《力士参孙》合订成一本出版。《复乐园》分四卷，依据《圣经·新约·路迦福音》中撒旦引诱耶稣的故事，叙述耶稣如何多次抵制引诱，最后成功地开始布道，着手为人类恢复乐园。弥尔顿借此表明自己念念不忘实现资产阶级革命的理想。《力士参孙》取材于《旧约·士师记》，叙述以色列民族英雄参孙在身陷囹圄、双目失明的情况下，依然奋起反抗，与敌人同归于尽的壮烈事迹。显而易见，参孙的形象表达了弥尔顿自己的心声。

弥尔顿虽然双目失明，但他并没放弃自己对信念和文学的追求，他虽身处逆境，但是从不畏惧，一直勇往直前。

走进科学的殿堂

现代实验科学的开始

强者风范

　　弗兰西斯·培根，英国著名的唯物主义哲学家、思想家、作家和科学家，在逻辑学、美学、教育学方面也提出了许多思想。他崇尚科学，发展科学学习进步思想和崇尚知识的进步口号，一直推动着社会的进步。他在文艺复兴时期的巨人中被尊称为哲学史和科学史上划时代的人物，被马克思称为"英国唯物主义和整个现代实验科学的真正始祖。"

　　1561年1月22日，培根出生于伦敦的一个官宦世家。父亲尼古拉·培根是伊丽莎白女王的掌玺大臣，曾在剑桥大学攻读法律，他思想倾向进步，信奉英国国教，反对教皇

弗兰西斯·培根

再别诗人的康桥——剑桥大学

干涉英国内部事物。母亲安尼是一位颇有名气的才女，对希腊文和拉丁文都掌握地十分娴熟，而且是加尔文教派的信徒。培根小时候身体很弱，经常生病，但他却很爱学习，喜欢阅读比他的年龄应读的更为高深的书籍。良好的家庭教育使培根成熟较早，所以他各方面都表现出异乎寻常的才智。培根的家庭是由于宗教改革分配寺院土地而起家的。培根的祖父曾为伯里·圣·爱德蒙斯大寺院的僧侣担任管家，由于他的关系，尼古拉·培根才能够以俗家的出身进入剑桥大学学习并参加政治活动。寺院解散后，尼古拉·培根购买了爱德蒙斯寺院所属的几处庄园，而尼古拉·培根以俗家出身而能任国家大臣，正是在宗教改革中，把国家权力从僧侣手中夺过来的结果。

12岁时，培根进入剑桥大学深造。他先是就读于三一学院，就学于怀特基夫特博士，培根对于所学的各门学科都表现出异乎寻常的才智和独立思考的精神。然后在剑桥建立了自己的实验室，后来担任皇室大臣，主张学校教育应传授百科全书式的知

亚里士多德

强者风范

识。这是一个时代交替的世纪，培根的思想反映了英国资产阶级上升时期对科学和真理的追求。在校学习期间，他对传统的观念和信仰产生了怀疑，对社会和人生的真谛开始进行独自思考。

在培根16岁左右，还在学校学习期间，他就对亚里士多德的哲学已开始感到愈来愈不满意，其原因不是作者本人的不足取，而是他的方法没有效果，他的哲学只适用于辩驳和争论，却不能产生为人类生活谋福利的实践效果。培根的哲学思想是与其社会思想是密不可分的。他是资产阶级上升时期的代表，主张发展生产，渴望探索自然，要求发展科学。他认为是经院哲学阻碍了当代科学的发展。因此他极力批判经院哲学和神学权威。他还进一步揭露了人类认识产生谬误的根源，提出了著名的"四假象说"。他说这是在人心普遍发生的一种病理状态，而非在某情况下产生的迷惑与疑难。第一种是"种族的假象"，这是由于人的天性而引起的认识错误；第二种是"洞穴的假象"，是个人由于性格、爱好、教育、环境而产生的认识中片面性的错误；第三种是"市场的假象"，即由于人们交往时语言概念的不确定产生的思维混乱；第四种是"剧场的假象"，这是指由于盲目迷信权威和传统而造成的错误认识。培根指出，经院哲学家就是利用四种假象来抹杀真理，制造谬误，从而给予经院哲学沉重的打击。但是培根的"假相说"渗透了培根哲学的经验主义倾向，不能够把理智的本性与唯心主义的虚妄严格地区别开来。

培根认为当时的学术传统是贫乏的，原因在于学术与经验失去接触。他主张科学理论与科学技术相辅相成。他主张打破"偶像"，铲除各种偏见和幻想，提出"真理是时间的女儿而不是权威的女儿"，对经

院哲学进行了有力地攻击。

培根的科学方法观以实验定性和归纳为主。他继承和发展了古代关于物质是万物本源的思想，认为世界是由物质构成的，物质具有运动的特性，运动是物质的属性。培根从唯物论立场出发，指出科学的任务在于认识自然界及其规律。但受时代的局限，他的世界观还具有朴素唯物论和形而上学的特点。

1597年，培根发表了他的处女作《论说随笔文集》。他在书中将自己对社会的认识和思考以及对人生的理解，浓缩成许多富有哲理的名言警句，受到广大读者的欢迎。1605年，培根用英语完成了两卷集《论学术的进展》。这是以知识为其研究对象的一部著作，是培根声称要以知识为其领域，全面改革知识的宏大理想和计划的一部分。培根在书中强烈抨击了中世纪的蒙昧主义，论证了知识的巨大作用，提示了知识不能令人满意的现状及补救的办法。在这本书中，培根提出一个系统的科学百科全书的提纲，对后来18世纪的狄德罗为首的法国百科全书派编写百科全书，起了重大作用。1609年，在培根任副检察长时，他又出版了第三本著作《论古人的智慧》。他认为在远古时代，存在着人类最古老的智慧，可以通过对

狄德罗

走进科学的殿堂

古代寓言故事的研究而发现已失去的最古老的智慧。

培根原打算撰写一部六卷本百科全书式的著作——《伟大的复兴》，这表明他要复兴科学，要对人类知识加以重新改造的巨著，但他未能完成预期的计划，只发行了前两部分，1620年出版的《新工具》是该书的第二部分。《新工具》作为培根最重要的哲学著作，提出了培根在近代所开创的经验认识原则和经验认识方法。这本书与亚里士多德的《工具篇》是相互对立的。

此外，在其他方面培根也有自己的见解和观点。这说明：被人们奉为经典的亚里士多德哲学的信仰，在这个16岁的少年心目中已开始动摇，而支配着他毕生的学术道路的思想信念——科学必须为人类生活实

强者风范

法国一景

践服务却已诞生。当时的剑桥受"经院哲学"的统治，不重视科学研

究，而注重研究神学，用繁琐的方法来证明宗教教条的正确。这些让培根感到非常反感，于是在剑桥大学学习3年后他便离开了那里。

离开剑桥后，培根作为英国驻法大使埃米阿斯·鲍莱爵士的随员来到了法国，在旅居巴黎两年半的时间里，他几乎走遍了整个法国，接触到不少的新鲜事物，汲取了许多新的思想，这对他的世界观的形成起到了很大的作用。1579年，培根的父亲突然病逝，他要为培根准备日后赡养资金的计划破灭，培根的生活开始陷入贫困。在回国奔父丧之后，培根住进了葛莱法学院，一边攻读法律，一边四处谋求职位。1582年，他终于取得了律师资格；1584年，当选为国会议员；1589年，成为法院出缺后的书记，然而这一职位竟长达20年之久没有出现空缺。他四处奔波，却始终没有得到任何职位。

随着年龄和阅历的增长，培根较剑桥时更加成熟了。从对亚里士多德的怀疑不满到决心要对脱离实际、脱离自然的一切知识加以改革，而把经验观察、事实依据、实践效果引入认识论。这是一个伟大的抱负，也是以后他提出来的科学的"伟大复兴"的主要目标，是他为之奋斗一生的哲学志向。

1620年，培根总结了他的哲学思想，出版了《新工具》一书。在书中他响亮地提出了"知识就是力量"这一观点。他指出，要想控制自然、利用自然，就必须掌握科学知识。他认为真正的哲学必须研究自然、研究科学。为此，他十分重视科学实验，认为只有经过实验才能获得真正的知识。《新工具》一书出版之后，得到了全欧洲学者的极大赞赏，因为这种思想不仅是对反动的经院哲学的有力批判，也是对人们探索自然的鼓励。

走进科学的殿堂

培根不仅是一位著名的哲学家，而且还是一位杰出的散文作家。在他的一生中，虽然有繁杂的事务分心，但是在写作上他从未懈怠过。他一生写下了不少光辉的著作，其中最著名的传世之作是1624年出版的《论说文集》。《论说文集》一书最能体现培根的写作风格，其文笔优美、语言凝炼、寓意深刻。这本书中的文章从各种角度论述了他对人与社会、人与自己、人与自然的关系的许多独到而精辟的见解，许多人从这本书中获得了熏陶和指导。

詹姆士一世

早在1602年，伊丽莎白去世，她的侄子詹姆士一世继位。培根因曾极力主张苏格兰与英格兰的合并，这一主张大受詹姆士的赞赏。1602年培根受封为爵士，1604年被任命为詹姆士的顾问，1607年被委任为副检察长——这是12年前伊丽莎白拒绝给予培根的职位。6年后，即1613年，他向往已久的检察长的职位荣归手中。1616年布莱克爵士退休，培根又继之为掌玺大臣。次年，官阶的最后一步，培根也终于升上去了，成为英格兰的大法官，同时被授封为维鲁兰男爵。1620年又授封为圣亚尔班子爵。至此，培根成了少有的具有高官显爵的哲学家。

1603年，他在唯一的一篇具有自传性的《自然解释的序言》中写到："我发现最适于我的莫过于研究真理，因为我的头脑极其敏锐，足以察觉事物的相似之处（这是主要之点）。同时它又能很坚定，足以分辨出事物之间比较微妙的区别，因为我天生有一个探索的愿望、怀疑的耐心、思考的爱好，（并且我）慎于判断、勇于重新考虑，在安排和建立次序时也很小心，同时因为我既不爱好新事物也不羡慕旧事物，并且憎恨一切的欺骗行为。所以，我想我的天性与真理有一种接近，一种联系的。"

培根以他的著作，表达了他最真实的想法。培根官宦之家的出身，自小出入宫廷所接受的教育、影响，都促使他有追求名誉利禄以满足自己的虚荣和物欲方面。但是，就培根而言，他的确也是把追求尊贵的高位作为完成或改善自己科学创作的一个手段。他曾写到："我希望如果我在政府中能够升到尊贵的地位时，我就会有一个较大的权力，能够动员更多的劳力和才智来帮助我的工作。因为这些原因，我一方面努力学习政府工作，一方面又在诚实所许可的范围之内，尽量自荐于那些在政治上有力量的朋友们。"培根深知，他的大志，他的科学的"伟大复兴"，这不是他一个人所能独力完成的，需要国家从财政、经济、教育、科学制度等一系列环节上给予支持帮助。培根终把属于科学的理知过多消耗在虚幻浮华的世界中，而使许多的哲学史家、传记作家们感到惋惜，费尔巴哈甚至责难培根这是对自己原初本质、自己真正志趣的背叛，使精神与自身的统一遭到破坏。

培根的仕途路并非一帆风顺。1621年，培根被国会指控贪污受贿，被高级法庭判处罚金4万镑，监禁于伦敦塔内，终生逐出宫廷，不得任

议员和官职。虽然后来罚金和监禁皆被赦免，但培根却因此而身败名裂。从此培根不理政事，开始专心从事理论著述。

伦敦塔

实际上，培根的理论著述是在17世纪的头20年，也就是在他任职的同时进行的。正像他给詹姆士的信中所说的："陛下或者要控我的盗窃之罪，因为我在给陛下服务时，已经偷取了一些时间来完成这个工作。"培根的仕宦生涯的确使他未能专心致志于他的学术，然而培根始终也未忘怀他的伟大志向，没有中断他的理论著述。

早在1597年，培根已印刷发行过论说文集的第一个版本，这是一本关于政治与伦理道德观的文集，它以思想缜密、文笔优美、知人论事的明智而大受欢迎。1612、1625年还先后再版过两次，都有增删修改。

现在通行的收有58篇论文的本子，是1625年他逝世后印行的。据说不少人的性格曾受到该书的熏陶指导。

1605年，培根用英语写作了两卷集的《论学术的进展》。培根很重视这部著作，认为这是开启"伟大复兴"之门的钥匙。为扩大它的影响，培根后来在剑桥一些学者的帮助下译成了拉丁文，并扩大为九卷集，于1623年出版。

在17世纪的头10年里，培根还写了不少短篇的哲学作品。

建安大多伦多大学

1609年《论古人的智慧》出版，这是培根印行的第三本著作。在培根看来，在远古时代，存在人类的最古智慧，但是这种智慧已被遗忘或沉寂。此后，有了诗人的寓言故事，再往后才有文字记载的信史。培

根认为，古代的寓言故事正是远古和有信史时代的一层帷幕，通过寓言故事的研究可以拉开这层帷幕，从而发现失去的最古的智慧。《古人的智慧》就是执行这个使命的。培根在书中在对古代寓言的解释包含了培根对政治、科学、哲学的深刻见解。书中对爱神、海神、牧羊神和天帝的解释更是理解培根唯物主义自然观的重要材料。这本著作的哲学意义长期以来并未被人们所重视，培根学的权威斯佩丁、艾理斯在他们编辑的《培根全集》中，也仅把它列为文学作品类，直到20世纪40年代末加拿大多伦多大学教授福尔顿·安德逊在《弗兰西斯·培根哲学》专著中从哲学价值上对之作了认真的探讨，才开始为研究培根学者所注意。

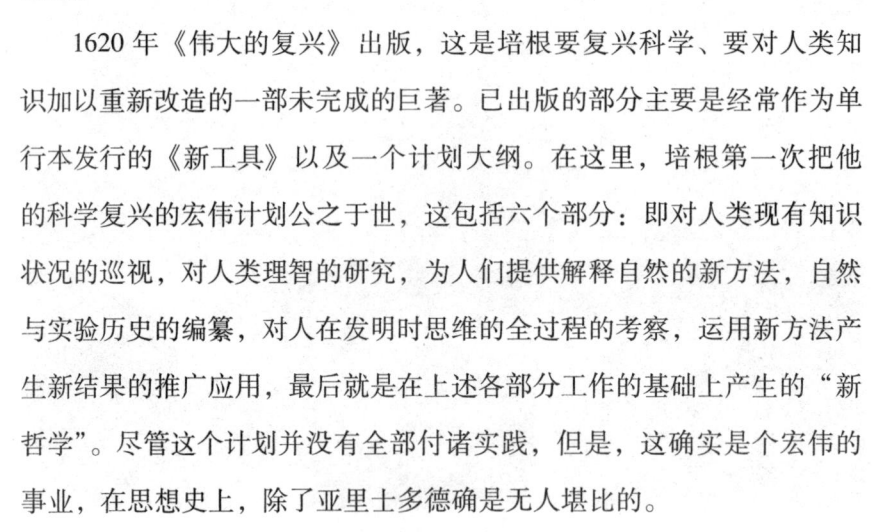

1620年《伟大的复兴》出版，这是培根要复兴科学、要对人类知识加以重新改造的一部未完成的巨著。已出版的部分主要是经常作为单行本发行的《新工具》以及一个计划大纲。在这里，培根第一次把他的科学复兴的宏伟计划公之于世，这包括六个部分：即对人类现有知识状况的巡视，对人类理智的研究，为人们提供解释自然的新方法，自然与实验历史的编纂，对人在发明时思维的全过程的考察，运用新方法产生新结果的推广应用，最后就是在上述各部分工作的基础上产生的"新哲学"。尽管这个计划并没有全部付诸实践，但是，这确实是个宏伟的事业，在思想史上，除了亚里士多德确是无人堪比的。

《新工具》作为培根最重要的哲学著作，侧重研究的是科学方法。培根在近代所开创的经验认识原则和经验认识方法，主要都是在这里提出来的。培根把《伟大的复兴》的这一部分命名为《新工具》以别于亚里士多德的逻辑著作《工具论》，并具有对亚里士多德挑战的性质。

再别诗人的康桥——剑桥大学

这部著作在近代哲学史、逻辑史上都有着重大意义以及广泛的影响，也体现了培根的好战思想。

培根因受贿案发，从此结束他的政治生涯，1622年，他专心从事理论著述。培根本着他在《论逆境》一文中所说的"逆境的美德是坚忍"的精神，很快从沉重的打击中振作起来，他以惊人速度，完成了《亨利第七》的写作。洛克曾赞扬该书是富有哲学意味的政治历史著作的楷模。马克思在写作《资本论》中也曾参阅并援引它。人们对它评价很高。

1622年11月《风的历史》、1623年1月《生与死的历史》作为百科全书的第一、第二分册先后出版。约于1623年，培根还写作了《新大西岛》，这是一部未完成的作品，由罗莱于他去世的翌年1627年首次发表。书中描绘了他理想的社会图景，在这个理想的社会中，科学主宰一切。这是培根以文艺的形式对他毕生所倡导的科学"伟大复兴"的思想信念的集中表述。

马克思

强者风范

走进科学的殿堂

此后,培根的时间除了用于修正增订拉丁文本的《论学术的进展》以及《论说文集》的第三版,就是全力以赴地为百科全书收集材料,这就是他在拉丁文本《论学术的进展》第7卷中说的:"为了努力增进人类的利益,我将清醒地和有意识地把我的功名和才思都抛在一旁,我或许更宜于做一个普通工人、挑夫,任何大家需要的人,把许多非做不可而别人由于天生的骄傲因而规避或拒绝的事情亲自负担起来,亲自去执行。"培根为了科学的发展甘愿当小工的精神是极可钦佩的。1626年4月9日,培根病逝,终年65岁。他去世后,罗莱整理出版的《林木集》就是这样一本为百科全书收集材料的集子。

达朗贝尔

培根的贡献是巨大的。培根使经验从一向受鄙视、受贬抑的卑贱地位上升为一种科学的原则,成为哲学上、科学上的必然性。他结束了以神学为依归的经院哲学的旧时代,开创了以经验为手段,研究感性自然的经验哲学的新时代。它使人们不仅在思维的内容上,从天上回到地下,而且在思维方式上尊重感性现象,承认感性现象,重经验实际,都成为一时风尚。对扭转上千年来思辨的方法,对科学的发展,对近代科学的建立都起了积极的推动作用,具有重大意义。对哲学史、科学史都作出了重要的历史贡献,对全世界都产生了影响。

培根成为人们追崇的对象。18世纪法国百科全书派的唯物主义的哲学家更是热情地尊崇培根为新哲学的首脑。达朗贝尔誉培根为"挣脱了许多铁索的伟人"。狄德罗、达朗贝尔编纂的百科全书所遵循的科学分类,基本上正是培根所提出来的。狄德罗在百科全书序言中,更把该书的巨大荣誉奉献给培根,说他们任此大业而有所成,当归功于培根。培根的影响由此可见一斑。19世纪伟大的生物学家达尔文也曾公开承认自己深受培根的影响,说他的工作完全依据培根的原理,唯采集事实不厌繁多。

然而,人无完人。培根的哲学也有重大的局限,这集中反映在他对理性的巨大创造才能缺乏理解,他给人的认识,科学的发现规定了机械的程序,严格的规则。他强调科学必须遵循逐步上升的阶梯,从经验归纳出公理,并相信人们一旦掌握了这种程式,中才之士也可以大有建树。

其次,培根的经验认识原则和方法也未能解决单一与普遍的矛盾,不能保证认识的普遍必然性。经验的归纳只能解决和确定单一个别事物的连续性、时间的前后相继。经验自身绝不能证明必然性,不能保证归纳的有效性。

再次,培根作为归纳基础的分析法,把整体分解为各个部分的认识,往往导致人们认为一切事物就是它的组成因素的机械的结合,忽视或抹杀了它们之间的相互联系,相互转化,容易造成片面的孤立看问题的习惯。因此,培根的分析法固然为近代实验科学开辟了道路,产生了重大作用，但同时也促成了十七、十八世纪以来形而上学思维的特有局限性。

此外，因为培根不是无神论者，他承认上帝是万有之源，承认有不死的理性灵魂，承认有自然的真理，也有启示的真理。诚然，培根的"双重真理观"主要是划分科学与宗教、知识与信仰的界限，目的是为科学向神学争地盘，在当时起了进步的作用。然而，在理论上、实践上，培根的双重真理观终究是资产阶级与封建势力妥协的一种表现，是资产阶级还不敢在政治上与封建势力公开抗衡的反映。培根毕竟付出了他毕生的精力并作出了应有的贡献，他不愧为大师级人物。

培根是近代哲学史上首先提出经验论原则的哲学家。对近代科学的建立起了积极的推动作用，对人类哲学史、科学史都作出了重大的历史贡献，他值得人们崇敬和怀念。

浪漫主义诗人的浪漫

1805年夏天，拜伦毕业于哈罗学校。同年10月，他进了剑桥大学。但是，当时剑桥大学的学术空气很淡薄。拜伦在一封信里曾这样写道："人们考虑得最少的就是科学。无论是对古典的，还是现代的作家，谁也不感兴趣……可怜的缪斯被打入冷宫。"因此，拜伦每次到小城索思韦尔看望母亲时，一住就是好多天，并不急于回校。他在索思韦尔倒看了不少书，写了不少东西。不过这事在很大程度上得归功于他母亲的邻居戈特家的大女儿——伊丽莎白·皮戈特，是她第一个发现了拜伦有作诗的才赋并鼓励他作诗的。

其实，拜伦早在哈罗当学生的时代就开始作诗了，但是那时谁也没有予以关注，

拜 伦

走进科学的殿堂

人们感到惊奇的是他的演说口才,他自己那时也只想做一个政治家。和伊丽莎白的相识使拜伦发生了奇异的变化。温柔、娴静的伊丽莎白对拜伦习作的理解、赞许和批评,大大地鼓励了拜伦的创作勇气。在她的劝告下,拜伦每天都认真作诗到深夜。

哈罗一景

1806年,拜伦出版了他的第一本诗集——《偶成集》。书印好后,一位姓比契的朋友指出其中《致玛丽》一诗"有伤大雅",拜伦听了立即把印好的60本诗集全部毁弃。次年1月,他把其余的诗冠以《偶然的歌》的名字出版。但这本诗集无作者署名,大概是拜伦对这本书能否成功缺乏信心。这年年中,拜伦把《偶然的歌》进行整理、修改,增加了好几首新作的诗,署上姓名出版。这就是拜伦的署名处女作——《闲散的时光》。

诗集出版后,两星期内卖掉了几十册,拜伦得悉后简直欣喜若狂。

他那时当然不可能想到，几年以后，当他的《恰尔德·哈罗尔德游记》出版时，读者争相购买的盛况竟使得书店老板要请警察来帮忙才能维持购书的秩序。

《闲散的时光》出版后，就像许多初次著书问世的人一样，拜伦关切地等待着对这本书的评价。但是，他等到的却是刊登在《爱丁堡评论》上的一篇对他进行恶意中伤的匿名文章。这个匿名作者攻击拜伦的处女作是"缺乏神性的人性的坏诗"，刻薄地宣称："这样的诗，在英国受过教育的青年中，十个有九个能写得出来，而那第十个则写得比拜伦爵士更好。"读到如此恶毒的嘲骂，拜伦气得人都发抖了。晚饭时，他一气喝光了三瓶葡萄酒，仍不能平静下来。然后他抓起笔，准备写首诗回敬这个匿名攻击者，但才写了二十几行，他的笔就搁住了，"不！"他对自己说，"我要写出真正出色的诗来彻底地教训这个混账！"

"愤怒出诗人"，这次愤怒的产物就是1809年3月出版的讽刺长诗《英国诗人和苏格兰评论家》。在这首长诗里，拜伦以所向披靡的笔锋，不仅

华兹华斯

走进科学的殿堂

对卑鄙的匿名作者进行了痛快淋漓的驳斥，同时还驳击了称雄当时英国文坛的华兹华斯、柯尔律治、骚塞、托马斯·穆尔（1779—1852年）等名家。长诗初次显示了拜伦巨大的论争力量，确立了他作为讽刺诗人的诗名。但该诗的有些言词失之偏激，这是拜伦年少气盛所致，几年以后拜伦本人也承认了这一点。

长诗发表后，拜伦便返回纽斯台德，筹备出国事宜。出国游历是拜伦多年来的夙愿——还在剑桥时代他就向往有朝一日漫游地中海，领略异帮风光。如今（1809年）他已到达了法定年龄，并正式获得在上议院的世袭职位，心情自然更为迫切。1809年6月11日，拜伦偕剑桥时代的好友霍布豪斯登上了从法尔茅斯开往里斯本的轮船，随身带着100支笔，5升墨水和厚厚的一大叠白纸。

初次出国，游兴极浓。拜伦不知疲倦地在地中海沿海各国往返游览，一会儿出现在葡萄牙，一会在西班牙，在马耳他还没住上几天，却又动身去阿尔巴尼亚……据同行的霍布豪斯的记载，仅在1809年秋季的3个月里，他们就曾经在30多个不同的村镇过夜。

霍布豪斯

这次旅行中最令拜伦难忘的当推希腊之行了，在那里他们住了10

再别诗人的康桥——剑桥大学

个星期。在拜伦的心目中，希腊是和他热爱的荷马史诗、埃斯库罗斯（约公元前525—公元前456年）的悲剧、斯巴达的英雄事迹紧紧联系在一起的。但是在旅行中他见到的希腊却在土耳其的统治下痛苦地呻吟着。这使他感慨万分。

从拜伦进入剑桥后，贫穷永远离开了他。因为他接到做贵族领袖的大法官的通知说，从财产中每年抽给他500镑。他便具备了可以用一匹马、用一个仆人的身份了。更使他欢喜的是完全从母亲身边解放出来。"从此我可以完全离开母亲独立了。对于长久地蹂躏了我，扰乱了所有爱情的母亲，我决心以后绝对不去看她，也不再继续维持什么亲善关系。"这是他写给友人的信。他对于母亲是抱着炽烈的反感的。

荷 马

1788年1月22日，寒冷潮湿的"雾都"伦敦阴霾满天，朔风怒号。霍雷思街16号二楼的一间陋室里，虽然生着火炉，但房间里的气氛却比室外还要阴沉：暗淡的烛光映出一位太太正躺在床上，她挣扎着，不时发出痛苦的呻吟。这是一位行将分娩的妇女。新雇来的保姆在一旁怯生生地看着她，手足无措。她同情女主人拜伦夫人在即将分娩的时刻，身旁没有一个亲人，但又害怕这位女主人，因为她的脾气暴戾，实在难以伺候。这时，只听见产妇猛地一声大叫："杰克，杰克！"婴孩生下来了，是个男孩。孩子长得很漂亮，面目清秀，一头浓发，但瘦

"雾都"伦敦一景

弱异常。这个婴孩就是英国杰出的浪漫主义诗人——乔治·戈登·拜伦。

当拜伦夫人在伦敦的陋室里艰难地忍受着分娩的阵痛时，婴孩的父亲——约翰·拜伦正在巴黎的酒馆里和人饮酒作乐。他是个世袭贵族的后代，祖上因有战功，被封为男爵，人称拜伦勋爵。其父是海军中将，由于每逢他出航海上总是起风，所以人们送他一个外号叫"暴风杰

再别诗人的康桥——剑桥大学

克"。约翰本人年轻时在法国陆军学校受教育，毕业后当了英国陆军的近卫军官，领上尉军衔，是个典型的纨绔子弟。他不务正业，一味纵情酒色，挥霍钱财，被人称为"疯子杰克"。但是他风度翩翩，所以很容易使那些太太小姐们一见倾心。有一位侯爵夫人果真为他的外表所迷，

巴斯温泉

抛下自己的丈夫孩子，和他一起逃往法国同居，在那里生下一女，这就是对拜伦有很大影响的异母姐姐奥古丝塔。

侯爵夫人在生下奥古丝塔后不久就病故了。约翰不甘寂寞回英国重涉芳林，于巴斯温泉结识了苏格兰的名门闺秀凯瑟琳·戈登。戈登小姐姿色平常，但她的二万三千镑财产对债台高筑的约翰很有吸引力，而约翰的美男子外表则使戈登小姐一见钟情。于是，两人当即在巴斯结婚。

强者风范

走进科学的殿堂

这是1784年5月13日的事,离侯爵夫人的去世还不到半年。

婚后,约翰喝酒赌钱的积习不改,所以没多久又把戈登的家产花得所剩无几。拜伦夫人无奈只得卖掉房地产,携所得款和孩子移居巴黎。在巴黎,约翰花天酒地依旧如故,终于潦倒落魄,穷死异国。不过这已是1791年诗人拜伦三岁时的事了。

在这样的情况下降临人世的拜伦,他的幼年和童年自然没有什么幸福可言。生活的穷困,自不待言。不堪忍受的是,拜伦夫人把她对丈夫的满腹哀怨化作阵阵怒火时不时地发泄在小拜伦头上。脾气暴躁的拜伦夫人甚至把诗人的生理缺陷——跛足也作为喝骂的内容,这使敏感而又自尊的小拜伦听了痛不欲生,他一面流着泪说:"妈妈,可是你生我下

伊顿公学

强者风范

来就是这样的啊!"一面拿起一把小刀准备刺自己的胸口,幸亏仆人及时夺下,才免去一场祸事。

在冷静的时候,母子俩相互之间倒还有点感情。一次,照例是拜伦夫人大发作,倔强的拜伦不买账,剑拔弩张,气氛相当紧张。但是事后,两人竟不约而同地都去附近药店打听对方有没有来买过毒药,并再三叮嘱药店老板,不要把毒药卖给对方,恐怕对方回家服毒自杀。此事后来被药店老板传为笑谈。

拜伦5岁开始上学。先在一所私人学校就读,一年后转至当地的文法学校。在学校学习期间,拜伦表现出出人意料的体育才能。他不仅是一位第一流的游泳健儿,而且还能打一手好板球。后来当他进哈罗公学学习时,他还参加过哈罗公学与伊顿学校的比赛。拜伦的打架本领比他的体育才能似乎更有名气。学校里不管谁惹了他,他总要把对方打败不可。这个好斗的脾气成了他一生的一个主要特点。拜伦在哈罗做上级生的时候,身边聚拢着许多美少年,隐然控制全校。他虽然跛脚,却是校内第一名游泳健将,又是棒球选手。毕业的时候,以英语默诵成绩颇蒙称许。新校长巴特拉接任时,他当过排斥新校长运动的领袖。但是,做剑桥大学的初年级生,就不能满足他的欲望了。于是,他随着那时候的学生风气开始喝酒赌钱。用那五百镑的津贴,过着十分豪华的生活。他生性不爱酒,又讨厌赌博。可是最怕比不过人家的他,立刻从伦敦买来葡萄酒、白葡萄酒、法国红葡萄酒、马地拉酒四种酒,每种48瓶,又学会了打骨牌。他把自己的房子漂亮地装饰起来。不去大学的饭厅而在自己的屋子里招待朋友,勉强地喝着自己不爱的酒直到深夜。早上听见大学附设教堂的钟声醒来,便骑上鼠灰色的爱马沃台达,穿着银灰色的

走进科学的殿堂

上衣，戴着纯白的帽子出去。天气好的早晨，他会和朋友朗格去游泳。

在剑桥求学时，诗人拜伦在性情方面表现出了他的刚烈特点。当他被他的意中人斯特拉特南爵夫人冷落时，他竟从叹息桥上纵身跳进了剑河，多亏船工发现将其救起。有了拜伦这一跳，圣约翰学院的院仆们便

圣约翰学院一景

开始了在桥头值班的习惯，看谁神色不定便劝其离开。同时剑桥各学院自发规定，考试期间封闭各自门前的桥，以防考试失意者再步拜伦后尘，这个规定竟一直延续至今。此外，拜伦的早熟实在令人称奇。据说他八岁在乡下养病时，已经对一位农家姑娘产生很强烈的爱了。不过关于这件事并无确切的记载。可是九岁时的一场"初恋"倒是有案可查的。拜伦有一位比他年长好几岁的表姐，名叫玛丽·达夫。玛丽对这位瘸腿表弟很同情，特别友好。想不到拜伦却因此对她产生了爱恋。夜深人静，少年拜伦独自一人在床上苦苦地思念她，想着她美丽的倩影，久

久不能入睡。但一想到自己是个跛足，无法博得美丽少女的青睐时，又不禁黯然神伤，发出痛苦的呻吟。拜伦后来在1813年的日记里提到过这件事："我后来还一直思念玛丽·达夫。在我当时的年纪，我还不知道情欲为何物，甚至连这个词的意思都不懂。可是我对这个姑娘却是那样的一往情深，以至寝食俱废，真是不可思议……"接着拜伦不无深情缱绻地写道："我要把当时我们的言谈交往、我们相互间的爱抚、她的容貌、我的烦躁和失眠都回忆出来……只是我不知道她对这件事和对于我是否还存在有哪怕是极其淡薄的回忆。"

虽然拜伦整天出入于上流社会的声色场所，周旋于情话绵绵的贵妇之间，但在他的内心却是鄙视她们的。在爱情方面，他强烈地渴望能得到一个纯洁的、高尚的女性。但是他却经历了几次不美满的婚姻和情感纠葛。这样的女性终于来到了拜伦的身边，这就是他的同父异母姐姐奥古丝塔。

拜伦和奥古丝塔从小不在一起长大，他们俩仅在1804年3月见过一次面，那时拜伦才15岁，奥古丝塔19岁。奥古丝塔虽然也是男爵的女儿，但她娴静贞淑，纯然古风，从不涉足舞会、晚会等声色场所，与伦敦社交界那些贵妇人迥然相异。她的婚后生活很不幸，丈夫只知赛马、赌钱，弃她和三个孩子于不顾，还常常把钱输光，弄得家中生计无着落。1813年6月27日，拜伦把奥古丝塔接来伦敦同住。次年1月17日，又和她一起去纽斯台德住了三个星期。在和奥古丝塔相处的日子里，拜伦的心境感到从来未有过的宁静和平和，他有生以来第一次遇到了一个真正理解他、关心他的女性。在这个女性面前，他可以自由地敞开胸怀，不用顾忌、提防。被上流社会灯红酒绿的夜生活挤走了的创作

激情重又回来了：他只花了三天时间，就给前两年写的《异教徒》续了五百行诗，发表了《阿比德斯的新娘》，构思并撰写长诗《海盗》、《莱拉》……

可是，《阿比德斯的新娘》一诗的发表却给拜伦惹下了不少麻烦。本来拜伦和奥古丝塔两人同居一室的事已经够遭人非议、蜚短流长的了，现在《阿比德斯的新娘》又恰好讲的是姐弟俩相爱的故事，于是妒忌拜伦、仇恨拜伦的敌人乘机舞文弄墨，大肆喧嚣。

围绕《阿比德斯的新娘》的这场喧嚣其实只是个表面现象，其根本原因是拜伦1812年2月27日在上议院发表演说反对处死破坏机器的工人，后来又发表了《编织机法案颂》等政治讽刺诗，痛斥政府迫害工人的措施。拜伦的这一立场显然为保守党提供了攻击他的口实。

饱尝人生苦酒的拜伦于是想要"找一个伴侣"。1815年1月2日，拜伦结婚了，新娘是安娜贝拉·米尔班克——拉尔夫·米尔班克男爵的女儿、温德沃斯子爵巨大财产的继承人。

安娜贝拉平时住在乡下，偶尔上伦敦她婶婶墨尔本夫人——卡罗琳·兰姆的婆婆家小住。1812年秋天，拜伦在墨尔本夫人的舞会上第一次看见她。当时他因为被许多女人簇拥着，所以没有能和她交谈，只是从托马斯·穆尔和卡罗琳·兰姆口里听到关于她的一些情况。后来，他又先后在一次关于宗教问题的演讲会上和一次题为"地球的未来"的科学报告会上看见她专心地记着笔记，于是开始注意这个女子。常住乡下的安娜贝拉在伦敦上流社会的交际场上显得比较胆怯、拘谨，拜伦误以为她为人纯朴、谦虚、不求虚荣，安娜贝拉读过几年书，于是拜伦便认为她博学多才。连安娜贝拉一些显示虚伪的表示，拜伦也都认

为是纯洁、高尚心灵的流露。他在一封信中写道："我相信这个姑娘不

威尼斯一景

同寻常……谁能想到在她平静的外表下竟蕴藏着如此旺盛的精力和丰富的思想。"

拜伦以为找到了理想的爱人，但结婚不久他就发觉他看错了人：安娜贝拉对他既不理解，也不同情。更使他不能容忍的是，她把和他结婚当作是执行一项"宗教使命"——把他这个不信鬼神走入歧途的浪子重新拉回到宗教的"正道"上去。拜伦大发雷霆，他宁愿寂寥一生，也不愿俯伏在满口虚伪的道德说教的安娜贝拉的衣裙下。同样，安娜贝拉对拜伦也感到失望，她怀疑拜伦是个疯子。1816年3月17日，结婚才一年零三个月的拜伦和安娜贝拉正式宣布分居。

走进科学的殿堂

利用拜伦家庭生活的不和，反动报刊又一次掀起了攻击拜伦的恶浪，它们制造了许多耸人听闻的"罪名"，诸如"虐待妻子"、"和奥古丝塔乱伦"等等，甚至拜伦写的《拿破仑颂》也被当作"叛国"的"罪证"。伦敦的普通市民面对这连篇累牍的谩骂一时，难辨真伪，奉家庭为神圣信条的中产阶级则跟着一起骂拜伦大逆不道，上流社会的人们纷纷对拜伦关上了大门。唯一有勇气接待拜伦的是加杰西夫人。但是拜伦一出现在她的招待会上，她的客人就立即四散而去……这是拜伦一生中最难受的时期。1816年2月他在给托马斯·穆尔的信中写道："我正在跟全世界和我的妻子作战，或者说，全世界和我的妻子

雪 莱

正在跟我作战……尽管我意识到这一点，但我不会屈服在这个重压之下。"

后来拜伦来到了威尼斯，在这里，他的生活中又闯进一个新的女性——他的房东布匹商人的妻子玛丽安娜。拜伦在自威尼斯发出的信中多次提到这个女人，他还有意识地大肆渲染他"和一个22岁的威尼斯女人相爱"，说他们是"阿尔卑斯以南最幸福的一对"等等。拜伦这样做的目的显然含有对迫害他的英国上流社会的挑战。另一方面，更直

再别诗人的康桥——剑桥大学

接的原因，也是为了摆脱笼罩在心头的阴影，求得心里的宁静。他给奥古丝塔的信可证明这一点："这一个月里，我心情平静，而且充满了爱。过去两年间那个几乎使我发狂的有道德的魔鬼米尔班克不断将我拷问所产生的痛苦，现在也不像以前那样折磨我了。"

但是玛丽安娜毕竟是个胸无点墨的市井妇人，难以成为拜伦倾诉衷肠、抒发胸意的对象。以后几年与拜伦亲密交往并对拜伦有一定影响的是另一位女子——特瑞萨·格维奇奥利伯爵夫人。1819年4月拜伦在威尼斯社交界女王本佐尼伯爵夫人的客厅里初次遇见她时，她才19岁，而她的丈夫却已经60岁了，因此她的家庭生活里没有爱情可言。特瑞萨通晓拉丁语，她的法语和本国语说得同样流畅。读书很多，还能吟诗作画，外表妩媚，仪态大方，堪称才貌双绝。拜伦在认识她以后感到他终于找到了一个期待已久的、柔和、纯真、富于牺牲精神的女

拜 伦

强者风范

走进科学的殿堂

子。特瑞萨总是努力去理解拜伦的兴趣、思想和感情，支持拜伦的政治理想。她不顾教会的压力，毅然和丈夫分居，在拜伦生命的最后几年一直和拜伦在一起。特瑞萨对拜伦的影响从下面这件事情中可以看出：当时拜伦正在写《唐璜》，但因为特瑞萨不喜欢这种俏皮的讽刺诗，拜伦竟中止了《唐璜》的写作，而改写诗剧《该隐》。后来雪莱来看望拜伦，听了《唐璜》的头几章后叹为观止，极力鼓励拜伦把这篇长诗写下去，这才把这部世界诗坛上屈指可数的天才之作从废纸篓里救了出来。但是《唐璜》后来终还是没有写完，成为英国文学史上的一大憾事。

强者风范

各界精英

再别诗人的康桥——剑桥大学

量子力学的奠基者

狄拉克，1902年8月8日出生于英国的布里斯托，1984年10月20日死于美国佛罗里达州的托纳海西，享年82岁。1926年，狄拉克获剑桥大学哲学博士学位。1927—1968年他在剑桥大学工作。主要著作有：《量子力学的基本方程式》、《论量子力学的理论》、《量子动力学的物理诠释》、《电子的量子理论》、《量子力学原理》、《量子论的发展》、《希尔伯特空间旋量》、《广义相对论》、《基本常数和它们随时间的发展》。

在英国，人们有一个很封建迷信的传统观念，认为8月8日是一个非常不吉利的日子，而狄拉克恰巧在1902年的这一天来到人世间。他刚一降生，就让父母十分反感，把他看作是丧门星，而给打入

狄拉克

"另册"，给他冷脸和白脸，他的同胞手足也都对他冷嘲热讽。狄拉克因从小得不到父母的爱和家庭的温暖，也就形成他孤僻的个性，时常不爱说话，郁郁寡欢。

通常愚昧与迷信会导致一些过错，甚至极有可能会因此毁掉一个人。我们的狄拉克是好样的，没有成为迷信下的牺牲品。狄拉克之所以没有被毁掉而且成了"国宝"，在于他的志气和毅力。这非常难能可贵，值得人们称颂与借鉴。

狄拉克在商业学校学习时很用功，可是成绩并不好，成绩单上常除了数理外，其余各门功课均是勉强及格而已，父母亲见了更是一肚子气，认为他是个没用的废物，还是归罪于他出生的日子不吉利。

实际上，狄拉克并不愚笨，只是由于长期生活在歧视和冷遇的环境中，使他表现得不是那么引人注目，使他的潜力没有得到开发。

有志者，事竟成。狄拉克为了早日改变自己的处境，不再受父母的歧视，在上大学二年级时，就决定自力更生，开始了半工半读的生活。19岁时他就取得了电气工程专业的学士学位，接着他又继续研究了两年数学。大学毕业后，他第一次大胆地违抗父命，拒绝父亲为他安排的工作不去工程企业部门干活，而是经过自己的努力当上了电气工程师。但他对此并不十分满意，只是希望在早已从事研究的数学、物理方面有所发展，取得一些成果。

狄拉克申请到剑桥大学的助学金后，奋发图强，终于一步步实现了自己的宏愿：1923年他考入剑桥大学圣约翰学院研究生院攻读数学。24岁获得剑桥大学的哲学博士学位，25岁被聘为研究员，28岁被选为

再别诗人的康桥——剑桥大学

英国皇家学会研究员，30岁开始担任剑桥大学著名的数学教授。后来他又进一步钻研物理学，直到1969年成为荣誉退休教授。在剑桥大学期间，狄拉克在数理方面的研究取得重大成果。他创立了用来描述和计算原子结构的数学方程。他是量子力学的奠基者。25岁时他提出了电磁场二次量子化的理论，31岁他与奥地利物理学家欧文·施罗丁格共同获得诺贝尔物理学奖金，成为这个最高荣誉奖建立以来最年轻的获奖者之一。1934年，英国皇家学会授予他皇家奖章，他还获得了科普利奖章，莫斯科大学也授予他荣誉博士学位。

除获这些奖外，狄拉克还有大量的科学论著，其中最著名的经典著作是他28岁时出版的《量子力学原理》，已重版多次，被译为各种文字，成为当代量子力学的基础。

狄拉克在科学界可谓独树一帜，对于研究课题的选择和进行研究的方式，都有他独到的一面，在物理学方面不断提出令人惊奇的创见。他非常珍惜时间，从不与人闲谈，即使谈话也极其简洁明确，崇尚少说多做。当然他对于别人有独到见解的谈话，还是乐于耐心听取，从不厌烦。他认为学问是不可能私藏的，更

海森堡

无法包办。他把自己的精力和智慧，都竟无保留地奉献给了促进人类文明的科学事业。

狄拉克的研究工作主要是与量子力学有关的数学方面和理论方面的知识。当1925年海森堡提出新的量子力学时，狄拉克很快就对此有了兴趣，并开始了这方面的研究，并且独立地提出了一种数学上的对应，主要是计算原子特性的非对易代数。为此他发表了一系列论文，从而逐步形成了他的相对论性电子理论和空穴理论。

1926年，他发现用反对称波函数可以表示全同粒子系统的量子统计法则，这个法则同时也独立地由费米提出，所以被称为费米—狄拉克统计。1927年，狄拉克在讨论辐射的量子理论时引入电磁场的量子化，从而第一次提出了二次量子化理论。这一理论为建立量子场论提供了基础。1928年，狄拉克又提出电子的相对论性运动方程，即所谓狄拉克方程，后来发展成为相对论性量子力学的基础。狄拉克将量子论与相对论有机地结合起来，很自然地推出了电子的自旋，得到其值为$h/2$，并且论证了电子磁矩的存在。狄拉克还赋予真空以新的物理意义并预示了正电子的存在，这是狄拉克理论最有意义和影响深远的一些结果。狄拉克方程不但可以有正能解，还可以有负能解，而负能解意味着正能电子向负能态跃迁，很显然这是不合理的。正是为了克服这一困难，狄拉克提出了"空穴假说"。他认为真空实际上是所有负能态都被填满的最低能态，负能态如果有一个没有被填满，就是由于缺少一个负能电子而出现了一个"空穴"，"空穴"相当于正能粒子。于是狄拉克的理论就预言了正负电子对的湮灭和产生。1932年，安德森在不知道狄拉克的理论预言的情况下用云室观测宇宙射线时发现了正电子，恰好和狄拉克的

再别诗人的康桥——剑桥大学

预言相符了。后来，布拉开特和奥恰利尼于1933年又在用云室观测宇宙射线时证实了电子对的产生和湮灭。这样一来，狄拉克的相对论性电子理论不仅推出了认识反物质的存在，而且对于物理真空也有了新的概念，也因此有了新的认识理论，这在很大程度上加深了人们对物质世界的认识。

狄拉克对研究工作的最大突破就在于，他奇迹般地把狭义相对论引进薛定谔方程，巧妙地把两大理论体系——量子论和相对论成功地统一了起来，这两方面从数学上看不仅彼此是不同的，而且是彼此对立的，但在他的方程中融合到了一起，并且由此得出了许多意想不到的结果。这种创造性的思维又谱写出了数学和物理结合的优美乐章。

狄拉克还对量子力学的理论基础作了比较系统的总结，提出了一套完整的数学表示方法，他利用左矢、右矢、矩阵以及δ函数等概念简洁地表达了量子力学中诸量之间的关系，提出了量子力学的变换理论。

狄拉克在理论物理中还有许多创见。例如，1933年，他提出"磁单极"的假说，这个假说至今还未得到实验证实。1937年他又提出

薛定谔

走进科学的殿堂

"大数假说"。他还对重正化和路线积分等概念的提出方面有着积极的影响。他在晚年开始对宇宙学,也就是宇宙的起源与构造学说产生了兴趣。不过,他最杰出的贡献依旧是量子学理论。

狄拉克《量子力学原理》出版于1930年,在书中提出了他抽象代数方法及应用这本专著,是量子力学中的经典著作。他在1935年曾来中国在清华大学讲学,并被中国物理学会推选为名誉会员。

在1925年,狄拉克以严格的抽象代数学为基础,独立地给量子力学以公式化的表述。

代替波动力学、偏微分方程或矩阵方法,狄拉克把不具有交换性的代数学,即泊松括号代数学运用到了量子力学的研究中。他的方法精确,使用了哈密尔顿模型,提供了可靠的计算方法,并且在速度上也表现出更大的优势,这是种非常出色的方法。

狄拉克对施罗丁格发明的二阶波动方程又重新用公式加以表达。在他以前其他科学家曾经通过增加对时间的二阶偏导修改了施罗丁格方程,但是这种方法存在一些严重的问题。狄拉克的方法是线性的,结果得出四

泊 松

元一次联立方程，从而提供了一个清楚的、理想的、时空对称的表达式，并且解决了谱线不连续的问题。这样，也使相对论和量子论结合了起来。从这一模型中也产生了核素总角动量这个正式的概念。这个概念塞缪尔·古德史米斯和乔治·乌龙贝克在实验中只做过暗示。

狄拉克建立了一种抽象的公式体系，为现今的研究和教科书的编写确定了一个仿效的标准。在1927年发表的那篇关于辐射线的放射和吸收的量子理论的论文中，他就开始了量子电动力学这个领域的研究工作。在这篇论文中，他提供了计算原子模型内电荷密度和电流密度的方法。从他的量子电动力学最初的研究中产生了量子场理论。狄拉克在《量子力学原理》（1930年）一书中对自己工作的解释，表现出了他在撰写学术专著中行文简洁、用词精炼的特点。

负能级导致了狄拉克对波动方程重新用公式表述和做出新的解法。开始时，这类状态的出现被人们忽视了。狄拉克逐渐意识到他发现的带正电荷的电子的生命期很短。这种"正电子"的存在于1931年被美国物理学家卡尔·

费因曼

戴维·安德森所证实。

比任何一种粒子的发现都更为重要的是，狄拉克勇敢地打开了引进新的亚原子粒子的大门。在正电子以后，他又识别了中子，μ（介）子和大量的"奇异"粒子。狄拉克的初步工作虽然使模型的精确性受到限制，但却创造出了一种更加符合现实的理论。随着已知粒子数目的增多，人们提出的理论也就变得越来越复杂，这就导致了一些物理学家的抱怨。例如《量子电动力学：光和物质的奇异理论》一文的作者，里查德·P·费因曼说：他们提供的只是一种不确定的东西，而不是解释。1984年10月20日，狄拉克在佛罗里达州的塔拉哈西逝世，享年82岁。

神经机制的鼻祖

1889年11月30日，埃德加·D·艾德里安生于英国伦敦，1977年8月4日死于伦敦。他与剑桥有着不解之情。1911年，艾德里安毕业于剑桥大学。1915年获剑桥大学医学博士学位。1920—1975年在剑桥大学任教，1937年晋升为教授。1961—1965年任三一学院院长。1968—1975年任剑桥大学校长。主要著作：《感觉的基础》、《神经活动的机制》、《知觉的物理基础》。

艾德里安的父亲是王室法律顾问，曾荣获第三级巴斯勋章。父母对小艾德里安非常疼爱、关心，但从不溺爱，而是管教严格。合理的事情，父母支持他，不合理的事情父亲严加制止，决不允许任何人支持。这种正确的教育和引导方法，说起来非常简单，实际做起来并不是一件很容易的事情。在我们生活当中有不少父母过分宠爱孩子，不分是非地对孩子百依百顺，使孩子任性放纵，最后，对自己、对自己的孩子都没有任何益处。有一位学者说过一句名言："有一种使孩子将来一定不幸的方法，那就是对孩子百依百顺。"还有些父母又对孩子过于严苛，提出许多不切实际的要求，使孩子从小心理负担过重，压力过大，以致身心受到损害。有些父母对孩子不分青红皂白地训斥，使孩子无所适从，

走进科学的殿堂

对自己有不同看法的问题，不敢说出来。这些都是不对的。由于父母教育和引导艾德里安方法得当，使他既懂事又好学，既不乱来，又有强烈的求知欲望。

他在西密斯上学时，对解剖学很感兴趣，他常抓一些小动物来进行解剖，细心观察，还常常描绘成图。有空闲的时候，站在图面前，认真地研究。

有一次，小艾德里安在河边解剖一条死狗，被母亲看见。作为贵妇人的母亲，一时感到儿子这种行为有失体面，又误以为孩子弄死了人家的狗，不问青红皂白便批评他不该这样做。小艾德里安耐心地向母亲解释说："妈妈，这是一条死狗。解剖死狗没有什么可怕，这可以使我了解到狗肚子里都有些什么。老师告诉我们，观察是科学研究的第一步，是一件好事。"母亲听了儿子的解释，手摸着小艾德里安的头，高兴地说："你这个小家伙，怎么不早点告诉我？不然，我怎么会批评你呢？"

艾德里安学习用功，成绩优异，18岁时获得科学奖学金。

20岁时，艾德里安进入剑桥特里尼蒂学院学习生理学。在这里，他不仅功课名列前茅，而且多才多艺。他的剑术精湛娴熟，他的绘画技能也相当高。这不仅使他体格强壮，而且思维十分灵活，为他以后的科学研究打下了良好的基础。

20岁出头的他从剑桥特里尼蒂学院完成了生理学专业。小时候，他就对生理学家卢卡斯教授有所耳闻。这也大概是常听他父亲说的原因！所以对卢卡斯教授他并不陌生。在剑桥特里尼蒂学院完成学业后，他就在卢卡斯的指导下，开始研究控制肌肉活动的运动神经冲动问题。

他发现刺激增强到一定的阈值，就会引起神经冲动，但此后再增加刺激

强度，也不会增加神经冲动的强度和传导速度；如果刺激强度达不到一定阈值，就不能引起神经冲动。这种情况和枪炮射击的情况类似。枪声的大小和子弹出膛的速度不会随着扣动扳机的力量的改变而改变，要么扣动板机枪声响，子弹出膛，要么不扣动枪机，不能产生射击。这实际上就是生理学上著名的"全或无"法则。也许今天听起来、解释起来是多么简单，但是艾德里安发现这一个法则，付出多少心血和汗水，发现这一法则，路是多么的艰辛。但艾德里安并没有后悔，而是乐之不疲。由于这一发现，刚刚24岁的艾德里安被选为特里尼蒂学术协会的正式成员。这个协会人才荟萃，学术氛围很浓，出了不少诺贝奖获得者，被誉为"桂冠者的摇篮"。这也许意味着，他已进入了诺贝尔奖获得者的行列了。事实的确如此。

1915年，26岁的艾德里安在剑桥大学获医学博士学位。1916年他入伍，并在皇家陆军医疗队担任上尉，从事临床神经学研究。第一次世界大战后，艾德里安退役回到剑桥大学任教，讲授神经学，研究神经冲动问题。1923年艾德里安被选为英国皇家学会会员。34岁时，艾德里安与一位出身贵族的小姐结婚。她积极参加社会活动，后来是剑桥精神福利协会主席，应该说这是上帝的安排，天造地设的一对。

艾德里安的家庭比较美满、幸福。这对于一名科研人员来说是非常不容易的事情，也大大减少了他的压力，使他有更多的精力集中进行科研工作，这更有利于他潜心投入实验研究，为他事业上的成功提供最大的可靠保证。艾德里安成就不断，首先他揭示了感觉器官传入的神经冲动频率反映所感受的刺激强度，他发现了神经冲动频率随着刺激的持续而下降的现象，称为"感受器的适应"，就是所谓"入芝兰之室，久而

走进科学的殿堂

不闻其香；入鲍鱼之肆，久而不闻其臭"的感觉适应现象，艾德里安发现适应最快的是触觉，而肌肉的感觉和痛觉适应最慢。1927年，他发表了阐述其研究成果的专著《感觉的基础》。这部经典性的专著为感觉生理学奠定了神经信息分析的电生理学基础，为后来科研者的研究工作开了方便之门。

1929年，他获立贝奖章，并被选为皇家学会富勒敦基金会的研究教授。这一年，他与美国学者、后来的美国科学院院长布朗克合作研究，把神经与肌肉的电反应转变为可听的声音，这一成果至今还广泛应用于肌肉疾病的检查中。他们还探明了神经控制骨骼肌随意活动的信息，大大地推动了神经方面的研究发展工作。艾德里安的研究并没有到此为止。

在继续这项实验时，一个现象引起了艾德里安的注意，一定的刺激强度能够引起一定频率的神经冲动的发放，这是肯定的了。如果把这个刺激强度固定住重复给予刺激，再看神经冲动，出现了一个有趣的现象：这时神经冲动的幅度还是不变的，但发放的频率却下降了。是不是实验操作的问题？为了慎重起见，艾德里安用了不同的刺激形式，检查了不同的感受器，这个现象都会发生。他把这种神经冲动的发放频率随刺激持续作用时间的增加而下降的现象，称为"感受器的适应"。艾德里安就感觉神经还作出了进一步的说明。对感受器给予刺激时，最初感觉神经发放的神经冲动频率很快，这时大脑的感觉兴奋区兴奋产生特定的感觉。如果刺激仍在持续的话，那感觉神经发放的神经冲动的频率就会减慢，进而大脑感觉兴奋区就不那么兴奋了，所产生的感觉也会随之下降。这就是适应现象。其实被艾德里安证实为原理的这种现象，我们

在生活中也可以有所体会：长期接受一种刺激，所产生的感觉就不会那么强烈了。当然，我们的身体存在有各种感受器，这些感受器的适应性也有所不同。适应最快的是触觉，我们穿衣服、盖被子没有什么感觉；最不容易适应的是痛觉。可以想象，如果痛觉感受器容易适应，那后果该有多糟糕。

1931年，他在爱丁堡主持医学物理讲座，讲义在第二年由牛津大学出版，这部题为《神经活动的机制》的专著，总结了单根神经纤维的生物电研究，澄清了神经生理学中许多过去不完善的看法结论，证实他在神经纤维电活动方面取得卓越成就。这一年，他的事业达到顶峰，得到世界上最权威、最有说服力的诺贝尔评奖委员会的认可，并获得了令人激动的诺贝尔生理学医学奖。但艾德里安并没有满足，没有止步，仍在自己的专业领域前进、开拓。

接着，他验证了奥地利精神病学家汉斯·伯杰

爱丁堡一景

发现的人类脑电图和不同种类的脑电波。他还研究了脑电图的临床应用，为神经学开辟了新的分支——脑电图学。他还研究了昆虫、鱼类和哺乳动物的神经和脑的电活动。1934年，他荣获英国国家学会的奖章，

走进科学的殿堂

并得到英国国家有关领导的接见。

1937年,艾德里安开始出任剑桥大学生理学教授。他治学严谨、一丝不苟,但反对死啃书本,注重实验,并启发学生的独立思考能力,让他们学会灵活地运用。他常常在考试前带着学生远出旅游、爬山、航海、击剑、绘画。他说:"只顾一天到晚啃书本是没有用的,关键是善于发挥自己的特长,进行实验研究,这样才能有超出书本的独特见解。"这些话在今天对我们来说更具有借鉴作用和意义。

正当第二次世界大战在残酷、紧张地进行着,艾德里安去美洲讲学。他抨击法西斯。他说:"希特勒和战争狂人们多半是大脑有毛病,值得研究。"这话不知怎么被希特勒知道了,使希特勒大为恼怒,多次下令轰炸剑桥大学,并通令德国医学家群起而攻之。但艾德里安置之不理,当作没有发生什么事一样,继续他的研究。1942年,他荣获英国皇家勋章。1944年,他在美国科学院讲学时指出:"脑机理的研究可以引导我们把生物学与心理学结合起来,形成解释人类行为的新兴学科。"这一说法的提出,引起同行的极大兴趣,对生理学的发展,具有极大启发意义。

希特勒

各界精英

再别诗人的康桥——剑桥大学

1946年，他荣获英国皇家学会最高奖——柯普莱奖章，并兼任皇家学会外交秘书。1950年，他荣获英国皇家学会金质奖章，并被选为英国皇家学会主席。1951年，他出任剑桥特里尼蒂学院院长。1954年，他出任英国科学会主席和洛克菲勒研究所评议员。1968年开始提任剑桥大学校长。此外，他还被许多国内外大学和团体授予各种荣誉。

这就是艾德里安，一个发现神经机制的大师，一个有着巨大成就而又勇攀科学高峰的科研工作者。

洛克菲勒

各界精英

走进科学的殿堂

可能第三次获诺贝尔奖的人

各界精英

桑格于 1940 年获英国剑桥大学文学学士学位。1943 年获英国剑桥大学哲学博士学位。从 1944 年起，一直在英国剑桥大学做研究工作。1976 年获剑桥哲学学会 W. B. Bardy 奖。主要著作：《胰岛素的游离氨基》、《胰岛素的甘氨酰链中的氨基酸排列顺序，来自部分水解产物的低肽鉴定法》、《甘氯酰的二硫化物链》、《胰岛素化学》、《放射性核苷酸二维分馏程序》、《带有链终止抑制剂的 DNA 序列》、《噬菌体 φX174DNA 的核苷酸排列顺序》、《噬菌体 λDNA 核苷酸排列顺序》。

桑 格

一个人在他的一生当中能够获得一次诺贝尔奖，可以说已经是很幸运的，因为能够获得诺贝尔奖的人实在是太少了；而一个人如果

再别诗人的康桥——剑桥大学

能够获得两次诺贝尔奖，那更是幸运之极。

到目前为止，全世界仅诞生了4位两次诺贝尔奖获得者。他们是荣获1903年诺贝尔物理学奖和1911年诺贝尔化学奖的波兰裔法国物理学家和化学家居里夫人，荣获1954年诺贝尔化学奖和1962年诺贝尔和平奖的美国化学家鲍林，荣获1956年和1972年诺贝尔物理学奖的美国物理学家巴丁，还有一个就是英国生物化学家弗雷德里克·桑格，他荣获了1958年和1980年的诺贝尔化学奖。

弗雷德里克·桑格1918年8月13日出生于英国格罗斯特郡伦德科姆村。他有着与他父亲一模一样的名字，母亲叫西塞莉·桑格，是一个非常有钱的棉花商的女儿。老桑格曾获得博士学位，是伦德科姆村的一位乡间医生，也是一位从事医药研究的学者。

父亲非常热爱自己的事业，在村子里也十分受人尊敬。比桑格大1岁的哥哥耳濡目染，渐渐地对生物学产生了浓厚兴趣。受哥哥的影响，桑格也从很小就开始迷恋上了

居里夫人

各界精英

生物学。从此，小哥俩较着劲地要争得生物学的"恩宠"。他们争相采集和制作动植物标本，阅读生物学的科普书籍。有时，小哥俩还会为争先阅读一本好书或辩论一个科学问题而争执得面红耳赤。但共同的爱好和共同语言，使他们又能很快和好如初。在不断的相互竞争与学习中，桑格不仅增长了生物学方面的知识和进行科学实验的初步技能，而且他还逐渐认识到了科学和科学方法的重要性。

桑格在学校时并不算是一个出类拔萃的学生。虽然他热爱生物学，并对此投入了很大精力，使他在这方面的知识和水平远远超出了与他同龄的孩子，然而生物学并不是学校所要对学生们考核的课程，这对于提高他的学习成绩没有多大帮助，而且桑格对分数高低并不是太在意，所以他的学习成绩一直都很平平。加上性格内向，因此他在学校里很少能够引人注意。桑格的父母也没有强迫他为追求好成绩而放弃自己的爱好，而是任凭他自由愉快地畅游在生物学知识的海洋里，自得其乐。

在默默无闻的学习中，桑格马上要中学毕业了，他开始考虑自己的将来。他很尊敬父亲，也很喜欢父亲医生的职业，但他根本不善言谈，有时甚至不能与陌生人讲话，他意识到自己腼腆内向的个性并不适合于当医生。在经过认真慎重的考虑以后，他选择了一项既可以不用抛头露面又可以干自己感兴趣的事的职业——科学研究。这是一个十分明智的决定，因为此后事实证明：他为自己挑选的路是非常正确的。由于成绩一直平平，桑格中学毕业后没有获得任何一所学校的奖学金，但在有钱的母亲的资助下，他还是顺利地迈进了剑桥大学圣约翰学院。在这儿，他听了他人生的第一堂生物化学课，这门课用化学解释很多生命现象，并为许多医学上的问题提供了科学的解释，一下子就抓住了桑格的

再别诗人的康桥——剑桥大学

心。而欧内斯特·鲍德温和另一个年轻教师生动有趣的讲课方式，尤其是他们对生物化学的热情，更使桑格感受到了生物化学的魅力。从此，他徜徉于生物化学领域流连忘返。

但大学时的桑格学习成绩仍然没有什么起色。因此在学完规定的大学课程之后，他没能继续攻读硕士学位。为了能够继续学习有趣的生物化学课，他选修了一门生物化学的高级课程，这样他可以在剑桥继续学习一年。但一年的学习时间很快就过去了，在结束了高级生物化学的结业考试之后，桑格自己感觉已经没有任何理由可以让他继续留在剑桥了，因为按照他以往的成绩，无论如何也不会有老师愿意收他为博士生的，这次恐怕也不会例外。于是他只能黯然神伤地离开了剑桥，今后的路该朝什么方向走，他还没想过。

两个星期以后，考试成绩公布了，桑格吃惊地发现自己的名字竟然位于榜首。这一大大出乎意料的好成绩使桑格再次萌发了要继续留在剑桥学习生物化学的愿望，他匆匆给生物化学系写了一封充分表明自己的意图的信。信发出以后，他仍然觉得心里不踏实，于是又匆匆忙忙跑到学校向老师当面提出申请。也许是桑格唯一的一次好成绩让老师看到了兴趣对于成就一件事的重要性，就如桑格自己所说："要想真正在科学领域有所成就，你必须对它有兴趣……"也许是桑格的真诚打动了老师的心，也许是老师看中了他不需学校资助就能完成学业……总之，平生只考过一回好成绩、从来没有得过奖学金的桑格，如愿以偿地又回到了剑桥，继续在母亲的资助下攻读生物化学博士学位。

刚开始，桑格在蛋白质专家皮里的手下工作。皮里是一个很有个性的人，他才思敏捷、行动迅速、说话尖刻。皮里指导学生的方法也与众不同，用他自己的话来说，就是"先把他们扔进深渊，然后让他们自己去寻找出路"。桑格成为他的博士生之后，他一见面就给了桑格一大桶冻结的植物提取液，然后就放手让桑格"自己寻找出路"去了。桑格拿到这一大桶提取液，当时不知所措。正当他苦思冥想之际，皮里却接到了新的任命通知，离开了生物化学系，桑格也就不费吹灰之力就从"深渊"里爬了出来，转而跟随纽伯格研究赖氨酸的代谢作用和一个与马铃薯固氮有关的课题。

纽伯格不但在技术上，而且在作为人生奋斗目标上都对桑格产生了十分巨大的影响，他教会了桑格怎样进行科学研究，而生物化学系各位同仁们的热情友好与敬业，也给桑格留下了十分深刻的印象。他们从来不把时间花费在闲聊上，即使是在业余时间的谈论也是的讨论与研究有关的事情。在这种看似闲谈在讨论中，他们彼此交流思想开阔思路，由此获得了进步。桑格虽然不善言谈，但他非常喜欢默默地听他们的谈话，不但可以从中学到很多知识，而且也学到了一种精神，那就是敬业。

剑桥大学的生物化学系是由1929年的诺贝尔生理学或医学奖得主、英国生物化学家霍普金斯创立的。霍普金斯早年曾进行过蛋白质营养的研究，后来因发现维生素B_1并提出了"维生素学说"而荣获诺贝尔奖。这儿是为桑格真正理解生命物质以及为许多医学问题奠定科学基础的地方，正是在该系的学习中，桑格下定了要把自己的一生都奉献给生物化学研究的决心。而他跟随纽伯格在赖氨酸代谢方面的研究则使他获得了氨基酸化学研究的经验，直接为他后来从事的"测序"研究奠定了坚实基础。

再别诗人的康桥——剑桥大学

1943年，桑格获得博士学位，留校从事教学和研究工作。这一年，切尔布纳接替霍普金斯担任生物化学系教授，桑格加入他的研究小组，开始了对蛋白质特别是胰岛素的研究。当时，英国化学家马丁已经开发出滤纸分离氨基酸的方法，这使得测定生命物质基本成分的精密化学结构真正成为可能。马丁后来因此项研究及其他研究成果荣获了1952年诺贝尔化学奖。

当时，切尔布纳和其他科学家已经发现胰岛素分子是由51个氨基酸组成，并推断出它的长链的末端一个氨基酸为苯基丙氨酸，但各种氨基酸在链中是以什么样的序列位置连接到一起的？对这个问题当时还没有人弄清楚。桑格决定对此进行研究。

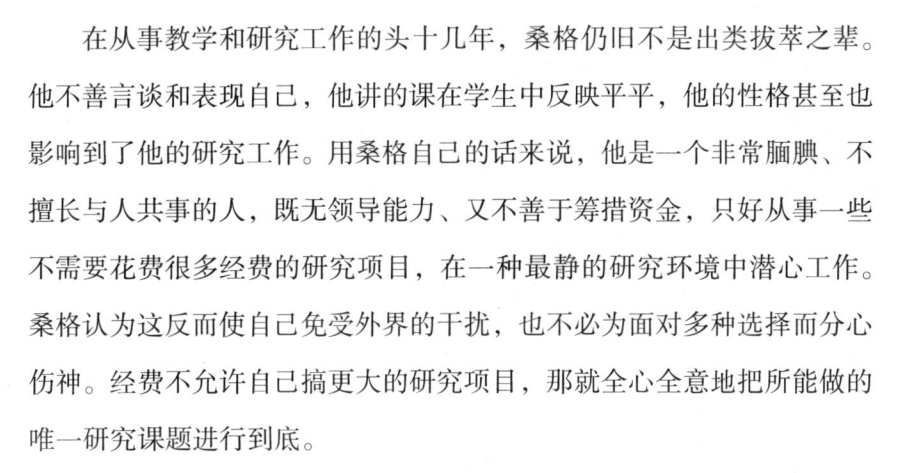

在从事教学和研究工作的头十几年，桑格仍旧不是出类拔萃之辈。他不善言谈和表现自己，他讲的课在学生中反映平平，他的性格甚至也影响到了他的研究工作。用桑格自己的话来说，他是一个非常腼腆、不擅长与人共事的人，既无领导能力、又不善于筹措资金，只好从事一些不需要花费很多经费的研究项目，在一种最静的研究环境中潜心工作。桑格认为这反而使自己免受外界的干扰，也不必为面对多种选择而分心伤神。经费不允许自己搞更大的研究项目，那就全心全意地把所能做的唯一研究课题进行到底。

这期间，桑格也经历了多次失败和挫折，有几位助手因为耐不住寂寞而纷纷离他而去，但桑格本人却不为之所动。因为他认为"科学研究最大的乐趣之一就是你总是可以进行一些不同的尝试……我在计划遭受挫折时从来不着急，我会开始设计下一次实验，整个探索的过程都充满了乐趣。"

走进科学的殿堂

桑格的敬业与坚韧不拔的精神感动了贝特研究基金会的有关人员，他们为桑格提供了长达7年的资助，金额虽然不太大，却使桑格漫长的研究工作可以顺利进行。

经过长期的努力，桑格终于寻找到一种后来被称为"桑格试剂"的化学试剂，给蛋白质一端的氨基酸着色、切割，然后用马丁的纸色层分离法分离测定氨基酸。前后经过10年的努力，终于在1953年弄清楚了胰岛素的全部结构，绘出了胰岛素分子精确的结构图。这是人类历史上第一次完整地搞清楚一个蛋白质大分子中氨基酸的排列顺序，并且使人工合成胰岛素成为可能，为此桑格荣获1958年度的诺贝尔化学奖。

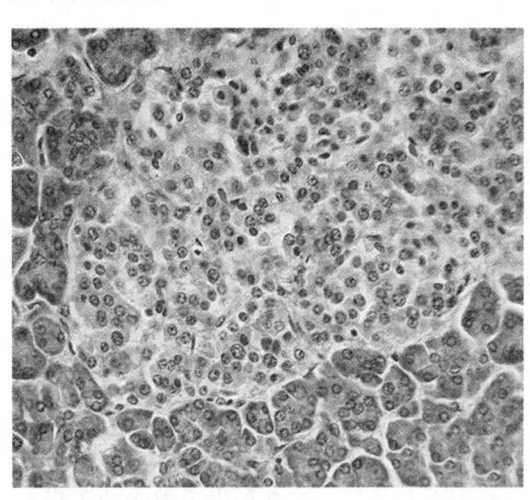

人工合成胰岛素

在此之前，桑格在人才辈出的剑桥大学里几乎是默默无闻的，连教授的头衔也没有。诺贝尔奖给桑格带来了巨大的荣誉，一连串的头衔和职务接踵而至，这反倒让他感到有些不习惯了。在经过授奖及一系列的庆祝活动之后，他激动的心情已经渐趋平静。他推辞了伴随诺贝尔奖而来的一系列任命，尽力不让行政职务成为束缚自己手脚的枷锁。而了解他的为人与性格的学校当局也免去了他的教学任务，使他能专心搞研究。职务是对一个人所做成就的肯定，但过

再别诗人的康桥——剑桥大学

多的职务无疑会分散科学家的大量精力和注意力,使他们无法静心搞研究,从而作出更大的成就,这是一个巨大的世俗悲剧!值得庆幸的是,桑格没有让这样的悲剧发生在自己的身上。

获奖后,桑格进取的步伐并没有停止,已经习惯于潜心搞研究的他把诺贝尔奖当作激励自己继续前进的动力,而把荣誉和掌声都当成了明日黄花、过眼烟云。

那时,英国医学研究委员会在剑桥大学建立了新的分子生物学实验室。1962年,桑格来到该实验室工作,认识了来自卡文迪什的肯德鲁、英国生理学家赫胥黎、英国生物化学家克鲁格等人。这是一批世界顶尖的科学精英,个个都已是或将是诺贝尔奖的获得者,而且个个都是与核酸有些关系——克里克是脱氧核糖核酸双螺旋结构的发现者,获1962年诺贝尔生理学或医学奖;肯德鲁因确定肌红蛋白的分子结构获1962年诺贝尔化学奖;赫胥黎因研究神经的兴奋和传导获1963年诺贝尔生理学或医学奖;克鲁格因使用电子显微镜和X射线晶体衍射技术研究核酸——

克里克

走进科学的殿堂

蛋白质复合体的突出贡献，获1982年诺贝尔化学奖。处于这样一群核酸的研究者中，作为蛋白质研究学者的桑格未免显得有些孤立，加上他内向腼腆的性格，因此每当举行学术会议，桑格总是静静地独坐在一边，耐心地听大家兴致勃勃地谈论核酸，最后他才谈几句有关蛋白质研究的话。起初，桑格对大家热烈谈论的核酸并不怎么感兴趣，因为那与他的研究毫无关系。但渐渐地他开始由"局外人"变成了"局内人"，

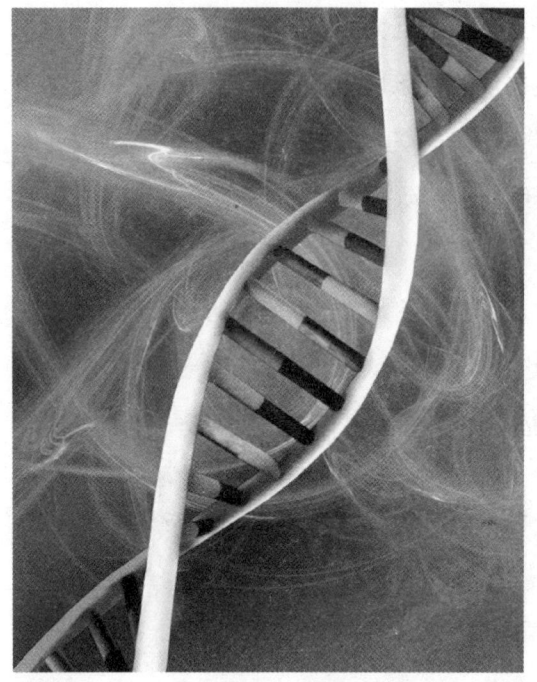

脱氧核糖核酸分子排列模型

他对核酸的兴趣也变得越来越大起来，并且终于决定将脱氧核糖核酸（DNA）分子中核苷酸的排列顺序和核糖核酸（RNA）分子中碱基排列顺序作为自己的下一个研究目标。目标一经确定，桑格便一头扎进他的研究之中。

1966年，正当桑格领导的研究小组测定RNA碱基排列顺序的课题即将大功告成之际，却传来了印度裔美国生物化学家霍拉纳首先完成了RNA碱基排列顺序的测定工作（霍拉纳后来因此项研究成果荣获了1968年的诺贝尔生理学或医学奖）的消息。这意味着桑格从事了多年

各界精英

136

的研究工作即使取得成功，也只能成为"二手货"。在人们为霍拉纳喝彩的时候，桑格的一些助手不免有些垂头丧气。但桑格本人却并没有气馁，仍然对自己的研究充满了自信。因为他认为自己所采用的测定方法与霍拉纳有所不同，并且更先进更有效，是前人所没有采用的新方法，这本身就具有非比寻常的意义。即使不能抢先测定出 DNA 核苷酸和 RNA 碱基的排列顺序，也可以为后人探索生命遗传的奥秘提供一种新的技术手段。在桑格看来，能否获得"第一"的荣誉并不十分重要。测序是一件需要付出长期艰苦努力的持久性工作，如果没有踏踏实实的工作作风，如果急功近利，是不可能完成这项马拉松似的漫长工作的。事实上，也确实很少有人能够像桑格那样坚韧不拔地走下去，半途而废的人随处可见。因此，谁能坚持到最后，胜利就最终有可能属于谁。桑格在测序这场马拉松赛跑中整整跑了 15 年，才终于取得成功。对此，桑格自己说："我喜欢做别人没有想到的事，而不是和别人竞争谁先完成预定的计划；我偏爱把精力集中在实验研究上，而不是取得最终结果。"

桑格发明了测定 RNA 碱基排列顺序的"酶解图谱法"和测定 DNA 核苷酸排列顺序的"直读法"，并在 1977 年测定了细菌病毒 φx – 174DNA 分子全部 5386 个核苷酸的排列顺序。桑格的方法可使用很少的 DNA 或 RNA，即比较容易地测定出其核苷酸或碱基的排列顺序，为破译 DNA 和 RNA 密码、解开生命遗传之谜开辟了阳光大道。为此，桑格又一次登上了诺贝尔化学奖的领奖台。

走进科学的殿堂

各界精英

同享物理学奖的布拉格父子

劳伦斯·布拉格是因利用 X 射线研究晶体结构而与父亲亨利·布拉格分享了 1915 年度诺贝尔物理学奖的。父子能共同合作并共同获诺贝尔奖的事，实在太少了，令人惊叹，但布拉格父子做到了。

中国有句古话："贫贱不能移，富贵不能淫，……"，其实，许多的名言、格言、古训都不分地域国界，是放之四海而皆准的。布拉格父子算是一个很好的例子。父亲贫贱不移，儿子富贵不淫。

父亲威廉·亨利·布拉格小的时候家里非常穷，父母节衣缩食，总算供他上了学。威廉·亨利·布拉格是个很懂事的孩子，他知道自己的学习机会来之不易，更是刻苦地学习

劳伦斯·布拉格

以取得十分优异的成绩。他在学校上学时，生活上真是艰苦之极，不仅衣衫褴褛，鹑衣百结，而且连鞋子也没有一双。他总是拖着一双很不合脚的旧大皮鞋，成了富家子弟开心取笑的对象，甚至还有人诬蔑他这双破皮鞋是偷来的。亨利·布拉格人穷志不穷，对他自己的艰苦生活并不在意。面对讥讽和侮辱，也曾使他多次想把那些心怀险恶的人狠揍一顿，以解胸中愤懑，但他每次都会冷静下来，压下了心里的火气。因为他明白，打架是触犯校规的，而且倒霉的只可能是没钱没势的穷学生。谁知道他这般的忍气吞声，最终却还是躲不过厄运，流言蜚语终于传到了校方。一天，学监把他叫到办公室，脸色铁青，两道严厉的目光逼视着他。威廉·亨利·布拉格心里有数，他一言不发地把手伸进怀中，掏出一张磨损得非常破旧的纸片，递给了学监。学监打开纸片，看着看着，脸上的愠怒之色消失了。他默默地走过去，动情地轻轻拍着亨利·布拉格的肩膀，以示歉意和赞赏。这时，亨利·布拉格却再也忍不住了，哇地放声大哭起来。原来那张破纸片是亨利·布拉格的父亲给他的信，信中说："孩子，真抱歉，但愿再过一两年，我的那双破皮鞋，你穿在脚上不再嫌大……我抱着这样的希望：如果你一旦有了成就，我将引以为荣，因为我的儿子正是穿着我的破皮鞋努力奋斗成功的……"穷困、讥讽和凌辱都没有压倒亨利·布拉格，反而使他越来越坚强。24岁时，他就被聘为数学兼物理学教授。后来他在放射线研究等领域取得了巨大成就。

轮到儿子威廉·劳伦斯·布拉格，情况就不同了。劳伦斯出生时，父亲亨利已是著名物理学家、教授。当时家境很好了，劳伦斯

走进科学的殿堂

自然是不愁吃穿更不会四处流离奔波,学习条件也相当不错。当然,儿子劳伦斯·布拉格也很争气,他没有像有些富家孩子那样成为纨绔子弟,而是充分利用有利条件认真学习,刻苦钻研。他对父亲的研究十分感兴趣,总是呆在父亲的实验室里,看父亲做实验,他从不打岔和碍手碍脚,只是在一边默默地细心地观察着,他是那样的专心,常常一站就是几个小时,表现出非凡的惊人的耐心和毅力。

父亲疼儿子,生怕他累坏了,经常要儿子到外面去活动活动,休息休息。但儿子总是摇摇头,不肯离开。就是这样,在父亲的熏陶教育下,在自己的努力下,儿子布拉格24岁就成了剑桥研究院院士。后来,儿子不仅继承了父亲的事业,而且不断开拓,攻下了一道又一道难关,取得了一个又一个成就。布拉格父子的高贵品格,在某种程度上促进了他们成就的取得,值得我们称颂与借鉴。

亨利·布拉格

各界精英

亨利·布拉格博士毕业于英国剑桥大学,历任澳大利亚阿德莱德大学、英国利兹大学教授。小布拉格一直跟随父亲生活,在其工作的学校学习。成年后,和父亲一起利用劳厄发现的X射线衍射现象研究晶体的结构，用实验证明了晶体结构的周期性排列，并推出了著名的布拉格关系式 $n\lambda = 2d\sin\theta$。该关系式说明了 X 射线的波长 λ 和入射角之间的联系，其中 d 是邻近原子平面间的距离，n 是光谱级。因此，用 X 射线可

阿德莱德大学

精确测定晶体的实际原子结构。在运动性衍射理论基础上，父子俩又成功地发现了一种新方法，即所谓"晶体结构分析法"，也即用于晶体结构的分析，使分析中的问题简化成标准的程序，为最终建立现代晶体学打下了基础。

像布拉格父子这样共同从事研究并共同获奖的例子很少，小布拉格博士为什么能和父亲一起提出晶体结构分析法呢？众所周知，在木工师傅、铁匠师傅等手艺人中很多是父子共营、子承父业的。只有这样做，

走进科学的殿堂

才能使技术得以世代传授下去。

　　研究 X 射线衍射现象与晶体结构关系是离不开物理理论的，不过更重要的是要有一定的设备以及熟练的操作技能。为了培养操作设备的熟练工，就需要伙计式的雇工。对父亲来说，既要找一位伙伴，又要找一位能够继承自己事业的人，所以他就像手艺人那样挑选了自己的儿子。其实小布拉格的原专业是数学，后因

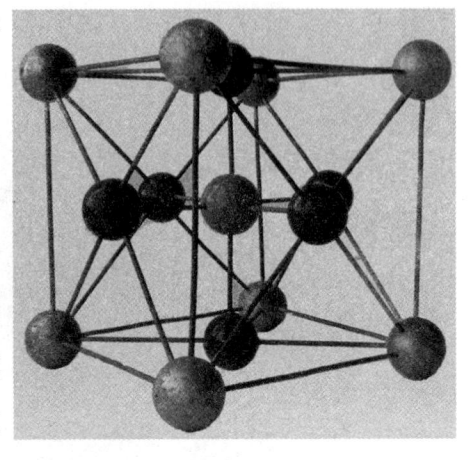

晶体结构

听从了父亲亨利·布拉格的劝告才转攻物理学的。儿子没有辜负父亲的期望，在与父亲共同获奖后，他仍继续努力，主要从事 X 射线衍射理论、X 射线结构分析、金属和合金中的多形性和相变问题、蛋白质化学、物理学史等方面的研究。在晶体结构的测定、合金中原子排列的研究以及高分子的结构分析等方面都有超过父亲的卓越成就。

各界精英

剑桥华人

再别诗人的康桥——剑桥大学

诗坛骄子徐志摩

1897年1月15日，徐志摩出生在浙江嘉兴的硖石镇。徐家是一个有数百年经商历史的大户人家。传到其父徐申如手里，家业已有相当规模，有钱庄、绸庄、酱坊，还有电灯厂、蚕丝厂、布厂、习艺所和上海的票庄银号，富甲一方。徐志摩是徐申如的长子。小名称又申。他4岁入私塾，跟着一位老先生读书，5岁再跟另一位老先生写文章，到12岁时，他便进了开智学堂。

开智学堂是硖石镇废除了科举后办起的第一所洋学堂，开设了国文、数学、英语、修身、体育等诸多课程。徐志摩生性活泼好动，兴趣广泛，读书用时不多，考试却总是名列前茅，人称神童。

儿童时代的徐志摩在接受学校教育时，还学到了一些劳动实践的知识，吸取着民间文学的营养。这方

徐志摩

剑桥华人

面的教师就是他家的老佣人家麟。徐志摩与他很好，常跟着他在菜园与后花园干活，听老人家讲许多故事。

1910年春，徐志摩的姑父让他与表兄沈叔薇一起进了杭州府中学求学。在杭州城里，府中是最好的一所学校，有著名教师张献之、陈伯园、马保罗、钟郁云等。徐志摩在杭州府中仍保持着学习上名列前茅的势头，期终考试总考第一，任级长。当时杭州府中规定只有考第一名的才能任级长。他的同班同学中有郁达夫等人。

对那时的徐志摩，郁达夫留下了这样的印象：徐志摩生得身体小小的，而脸面却很长，头也特别大，无论在课堂还是宿舍里，总是与一个同学在交头接耳地密谈着，或是旁若无人地高笑着，跳来跳去和这个闹闹，与那个吵吵，结果会出其不意地做出一件很轻快很奇特的事情来吸引大家的注意。

郁达夫这样写道："而尤其使我惊异的，是那个头大尾巴小，戴着金边近视眼镜的顽皮小孩，平时那样地不用功，那样地爱看小说——他平时拿在手里的总是一卷油光纸上印着石印缀字的小本子——而考起试来或作起文来却总是分数得的最多的一个。"

郁达夫

再别诗人的康桥——剑桥大学

1911年辛亥革命后，杭州府中改为杭州一中。1913年，杭州一中创办了校刊《友声》。徐志摩在第一期上发表了他的《镭锭与地球之历史》。在文学以外，他对天文学最感兴趣。他读了许多天文书籍，常在夏日的夜晚仰视天空，深思冥想。

1915年夏，徐志摩从中学毕业，考入北京大学预科。在北京读书期间，他住在姑父的族弟蒋百里家。蒋百里是国内有名的军事家，那时在保定任军官学校校长，思想进步，有开明的政治主张。徐志摩很敬重他。

北京大学一景

1916年春，徐志摩南下上海，转入上海沪江大学。同年秋，又北上天津北洋大学预科读书。1917年秋，他再赴北京大学，专攻法政。

一年后，即1918年夏，他离开北京大学，赴美国克拉克大学留学。

徐志摩于1915年10月29日，遵父命与张幼仪结婚。当时徐志摩年不满18岁，而新娘只有16岁。这桩婚事后来导致了徐志摩人生悲剧的开端。

徐志摩是自费留学去的美国。他家十分富有，所以不必担心学费开支。徐志摩在优厚的家境中，想到哪里便可到哪里去读书。这是他与胡适的不同之处。他不必为了去美国留学而考清华的庚款生，不必在清华园里花费8年时间来做去留学的预备生。

不过，他也确实有天分。所以，去美国留学，家里大人便由着他。能到美国拿个博士学位回来，出人头地，光宗耀祖，确实是件好事。

1918年8月14日，上海浦江码头一声长鸣，乘坐着一些中国留美学生的"南京"号大轮船便启动了。徐志摩伸手朝码头上的家人挥手作别。与他同行的留美学生中有朱家骅、李济元、查良钊、董任坚、刘淑和、汪精卫等。

汪精卫

再别诗人的康桥——剑桥大学

父亲要他去美国学金融管理知识，以承接祖传家业。但一登船头，徐志摩便激情万分，很快便有一篇长文在心中酿就，即写出了《民国七年八月十四日启程赴美分致亲友文》，在文中畅谈他渡海西行求学异邦的豪情壮志。他立志要发扬刘子舞剑，祖生击楫的爱国主义传统，取法异邦进步思想，以天为己任，急起直追，挽救祖国的危亡。

9月4日，徐志摩等到达美国圣弗朗西斯科（旧金山），接着横跨美国大陆，经芝加哥、纽约等城市，最后到达马萨诸塞州克拉克大学，就读于历史系。

在美国，徐志摩放弃了过去衣来伸手、饭来张口的生活方式，过了一段艰辛生活。他去打工挣钱，以养活自己，有一段时间，他在乔治湖

克拉克大学

畔一户人家打杂。每天要推着饭车在厨房和餐厅之间来回走。饭车上装

走进科学的殿堂

着一二百件碗碟刀叉之类的餐具,那都是他要洗涮的。开始他觉得干这种活也挺有趣的,推着车,嘴里哼着歌儿,迎着小风,走得很带劲。可后来,人累得不行了,脚下打颤,一不小心竟将车翻倒了,碗碟刀叉都摔了下来,碎了一大堆。幸亏他的助手,一个西班牙人帮他把碎屑弄到阴沟里。他的两手让那些破瓷片和玻璃片划得鲜血直流。

徐志摩在克拉克大学选修了欧洲现代史、19世纪欧洲社会政治学、商业管理、劳工问题、社会学、心理学等。再加上他还进了康奈尔大学夏令班修了四个学分,因而可以在一年后在克拉克大学获得毕业证书,并获一等荣誉奖。

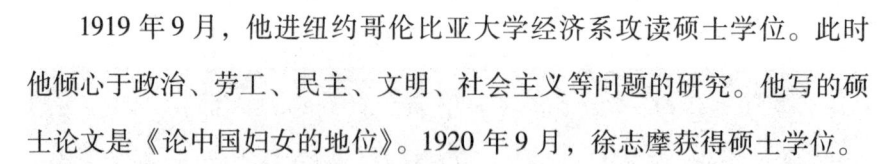

1919年9月,他进纽约哥伦比亚大学经济系攻读硕士学位。此时他倾心于政治、劳工、民主、文明、社会主义等问题的研究。他写的硕士论文是《论中国妇女的地位》。1920年9月,徐志摩获得硕士学位。

在美国留学的两年时间里,他以积极勤勉的学习态度,先后获得了学士与硕士学位,在留美中国学生中,以如此快的速度获学位是极少的,也许还是唯一的。

在读书时期,徐志摩始终如一地实践着自己在《启行赴美文》中的誓言,积极探索救国救民的道路。他与同室的同学过着充满爱国激情的生活。每天早上六时起床,七时朝会(激耻发心),晚唱国歌,十时半归宿。

他处处以爱国为动力,加入了学生陆军训练团受军事训练,把这也当成爱国的行动。他还和李济元联袂赴哈佛大学参加那里举行的中国学生组织的国防会。

徐志摩时刻关注着世界上的风云变幻。1918年11月11日,第一次

再别诗人的康桥——剑桥大学

世界大战停战的消息传到克拉克大学，顿时全校园都沸腾起来了。徐志摩也激动不已，参加了庆祝活动。他在日记里写下了自己当时激动的心情。

哈佛大学一景

而他更关注的是中国的大事。五四运动期间，他对从国内传来的每个消息都很注意，与同学们进行讨论和评说，每每都会激动不已，以致夜不能寐，失眠到天亮。

此时，年轻的徐志摩对一切进步和新鲜的政治学说与哲学思想都抱有好感，对它们趋之若鹜，生吞活剥地把它们装到自己的脑子里。他大量地阅读各种政治思想学派的学说，目的是企求从中找出可以解助自己的祖国摆脱贫困和落后的策略。

走进科学的殿堂

此时徐志摩与当时许多爱国知识分子一样，急切地吸取各种新知识，包括无政府主义和社会主义，个人主义和集体主义，也包括尼采、克鲁泡特金与马克思。

本来，徐志摩受父亲的影响，崇尚实业救国的主张。以为中国只要多开几家工厂，多几个高高的烟囱就可以了。但是，到了美国这种想法就完全变了。在历史课上，教师讲英国 19 世纪初年的工业情况，讲到有一个小孩为了生计，不得不钻进高高的烟囱去清除，竟被烟熏焦

尼采

了，志摩从此便恨透了烟囱。

他虽进的是经济系，但选修的课大多是政治方面的。他同情过社会主义，又混合了人道主义与慈善主义的因素，所以他接受的还不是真正的马克思主义的内容。

徐志摩此阶段还着迷于尼采。他在报刊上发文章，大段地引用尼采的文句。尼采颂扬的资产阶级个人奋斗的精神，后来一直为徐志摩所延续，以之为生存方式与奋斗支柱。

另一他所崇拜的人物便是伯特兰·罗素。罗素在 20 年代前写下的哲学著作，如《战争中的公理问题》、《社会的改造原则》、《政治理想》

再别诗人的康桥——剑桥大学

等，他都悉心研读过，特别是罗素在逆境是坚持自己确认的真理，而不向权贵豪门低头的精神，更赢得徐志摩的敬重。

就因为罗素这位英国哲学家，越来越引起他的兴趣。这时候，他便放弃了过去想当一个政治家或实业家的理想，一心想做一个指导人类走向光明的伟大哲人。于是，在1920年9月与10月间，他放弃了在美国继续求学的计划，放弃了即将到手的哥伦比亚大学博士学位，离开了美国，横渡大西洋，到旧大陆，到英伦三岛去寻找另一种生活方式，去寻找做一个伟大哲人的新路了。

哥伦比亚大学

徐志摩没想到，他一时兴起告别了新大陆，从此这便成了他人生的一个最重大的转折。其结果是，中国少了一个政治经济学家，多了一个诗人。

徐志摩横渡大西洋，是要追随他心目中的先师罗素。但等他到了英国，却得知罗素已去中国讲学了。而且，早在几年前，因为在战时主张和平，还因离婚事件，罗素就被剑桥三一学院除了名。

徐志摩失望之余，也只好留在英国，就读于伦敦大学政治经济学系，攻读博士学位。他的导师是著名教授赖世基。

在伦敦，他认识了陈源又认识了民国临时参议院和众议院前秘书长林长民和他的女儿林徽因。

伦敦大学一景

而另一个对他影响很大的人便是英国著名作家狄更生。正是这位英国作家帮了他的大忙，给他联系进了剑桥大学，获得了一个特别生的资格。这样,他既有书读,又没有考试与作论文的压力,正合徐志摩的心意,于是,这位中国留学生便开始了他的重要的"康桥的洗礼"。

康桥的生活对于徐志摩一生有重大的意义。这段生活奠定了他的政治观、艺术观,影响了他的个人生活与婚姻。

在美国的两年,他一直忙着听课、写考卷、嚼口香糖、看电影等。到了英国,也是两年,他却只是散步、划船、骑自行车、抽烟与闲说。他说,正是后一种生活方式让他无意识中接受了康桥文化的洗礼,在所谓的看闲书中确立了他的人生的基本哲学。

狄更生

在这两年中,他结识了不少英国朋友,其中,有的尊为师长,有的成了忘年交,有的亲如兄弟,有的见面虽少,却留下了永恒的情意。

这些交往中,尤以与罗素的情谊最深最重。罗素在中国讲学时,人们谣传罗素死了,徐志摩信以为真,掉了眼泪,还写了悼词,寄托了自己的哀思。罗素回英国后,徐志摩打听到地址,就给他写信,迫切希望见面。

一个星期后,愿望实现了。徐志摩见到了罗素。从此他常去伦敦,成了罗素家的常客。当罗素的孩子满月时，徐志摩等一群中国留英学生按中国的传统习惯，祝贺罗素夫妇喜得贵子，吃红蛋和寿面。

徐志摩与罗素交往很深，并全部接受了罗素的那种言人道崇和平，尊创作恶抑塞的思想。在他后来的生活中，始终不渝地恪守着。罗素也十分珍惜与徐志摩的友谊。当他在几十年后分编他的书札手稿时，在徐志摩的书信一栏上写下这样的按语："徐先生是一个有很高文化修养的中国籍大学肄业生，也是能用中英两种文字写作的诗人。"

除罗素外，狄更生便是徐志摩交往最深的了。徐志摩很爱读狄更生的《一个中国人通信》，指出这本书文字美得未曾有过，一字不多，一字不少，恰到好处。他认为自己一生最大的机缘便是遇狄更生先生。

徐志摩回国后，曾用讲学社的名义邀请狄更生重游中国，可惜未能成行。后徐志摩第三次赴英时，在康桥未能见到狄更生，只好经巴黎、杜伦、马赛准备乘船回国，一路仍用电报和狄更生联系。狄更生也满怀深情，一站一站地追，最后在马赛相见，相别。这是他们最后的会晤。

经狄更生介绍，徐志摩与英国当时很有名气的新派画家傅来义成为终生挚友。他每次去伦敦，必去拜访傅家。他们不是谈中国就是谈艺术。徐志摩认为傅来义宽厚温雅的人格，为他展开了新的视野，并且鼓励他亲近那些博大、美丽和高贵的思想与情感。

徐志摩还与著名英国作家嘉本特、威尔斯、魏雷、卡因等相识，并结下友谊。嘉本特那时80岁，而思想却倾向于反传统。他爱人类，爱自由，眷恋大自然的本色美。他爱喝中国茶，在80高寿时，还写信给徐志摩，他一直饮着徐志摩送给他的中国茶叶。

威尔斯那时50多岁，写作很勤奋，同时在写3本书，一本是小说，

再别诗人的康桥——剑桥大学

一本是关于历史的,一本是关于教育的。徐志摩常去他家拜访,两人一起散步,随意漫谈,十分放松。有一次两人散步时遇到一个篱笆栏,威尔斯建议说:我们跳过去,而威尔斯跳时跌了一跤……

魏雷喜欢研究中国文学,故常向徐志摩请教。在唐诗的理解与翻译上,徐志摩对魏雷常常具体地加以指点。对此魏雷十分感激,直到二十几年后,魏雷还写过《欠中国的一笔债》,表达他对徐志摩的怀念。

徐志摩与英国著名女作家曼斯菲尔德的友谊又别有一番深情。

他先是与曼的丈夫麦雷相识。麦雷是伦敦某杂志的主编,又是诗人、文艺评论家,两人时常在一起讨论英法文坛的状况。

契诃夫

有一回徐志摩说到近几年中国文艺复兴的趋向,在小说里受俄国文学的影响最深。麦雷高兴极了,说他们夫妇也都是崇拜契诃夫等俄国大师。于是,那个星期四,徐志摩便应邀去看望了体弱多病的俄国文学崇拜者曼斯菲尔德。

徐志摩与曼斯菲尔德只见了 20 分钟,但被他称之为"不死的二十分钟"的会见,使徐志摩接受了一次思想上的启迪。他觉得曼斯菲尔德"那话语竟似直达你的心灵里,抚抚你蕴而不宣的痛苦,温和你半冷半

走进科学的殿堂

僵的希望,洗涤你阻碍性灵的俗累,增加你精神快乐的情调……"

徐志摩接受了翻译她小说的重托,在曼斯菲尔德离开人世的第二年,1924年11月,徐志摩与陈源合译的《曼殊斐儿小说集》由商务印书馆出版。

胡适对徐志摩接受康桥文化洗礼后的概括评语是:"他的人生观真是一种'单纯信仰',这里面只有四个字,一个是爱,一个是自由,一个是美。他梦想这三个理想的条件能够会合在一个人生里,这是他的'单纯信仰'。他一生的历史,只是追求这个单纯信仰的实现的历史。"

康 桥

在康桥发现了人的性灵的徐志摩,却在爱、美与自由上陷入了困

再别诗人的康桥——剑桥大学

境。那便是他对林徽因无望的恋情。

转入剑桥大学后，1920年11月26日，徐志摩给家里写信，让张幼仪带着儿子来伦敦伴学。不久张幼仪到了伦敦。他们在离剑桥六英里的沙士顿租了房子住下。徐每天一早坐了街车上学，到晚回家。这样的生活过了一个春天。

到第二年，情况在变。徐志摩爱上了林徽因，开始苦苦追求那位美貌的才女。据说那时林徽因提出，徐志摩必须先离婚，才能与她相爱。这年秋天，在现实环境的压力下，张幼仪怀孕在身，却毅然赴德国柏林求学。而这边却没有得到林徽因的一个肯定的答复。于是他向张幼仪提出了正式离婚的要求。

1922年2月，张幼仪在柏林生下次子，取名德生。3月，徐志摩和张幼仪在柏林由吴经熊、金岳霖作证，正式离婚。婚变后，家庭不能容他，社会也不能理解他。即使离了婚，徐志摩的父母也还把张幼仪看做自己的儿媳，收为养女。徐志摩的恩师梁启超也不理解他，写信严厉地批评他。

但徐志摩不顾这一切，执着地按着自己的愿望追求着。其实，徐志摩冲出父母包办的封建婚姻，爱自己之所爱，这正是他到伦敦后顿觉性灵的必然，也是

梁启超

康桥文化影响的结果。

他在写给张幼仪的要求离婚的信中说:"故转夜为日,转地狱为天堂,直指人间事矣。真生命必自奋斗得来!彼此前途无限……彼此有改良社会之心,彼此有造福人类之心,其先自作榜样,勇决智断,彼此尊重人格,自由离婚,止绝苦痛,始兆幸福,皆在此矣。"

徐志摩对张幼仪说,他们不该继续在没有爱情、没有自由的婚姻中生活,只有自由之偿还自由,才是彼此重见生命之曙光,不世之荣光。他认为,没有爱,没有自己作主的家庭生活,实际上是摧残他们的人格,更谈不上有改良社会之心,造福人类之心。

他们离婚后3个月,即1922年6月,徐志摩写了《笑解烦恼结》一诗,副题为《送幼仪》,同年在《新浙江报》副刊上发表,同时还登了《徐志摩、张幼仪离婚通告》。

遗憾的是,崇尚人道主义的徐志摩,在张幼仪生下儿子后仅一个月,就办了离婚手续,未免操之过急,悖于人道主义,他显得太顾及自己的自由了。好在,有了反封建的基础,他们这对离婚夫妇还保持着良好关系,经常通信,直到1925年在柏林相见,也是友好相处的。

张幼仪

再别诗人的康桥——剑桥大学

徐志摩赶到柏林，是想见病中的孩子德生的，不料孩子已患脑膜炎死了。当晚，为了解忧，徐志摩陪张幼仪去看歌剧《茶花女》。这天，徐志摩在写给陆小曼的信里说到："C（指张幼仪）可是一个有志气有胆量的女子，她这两年进步不少，独立的步子已经站稳，思想确有通道……"

1926年秋天，张幼仪回国，在北京教书，同年12月，徐志摩双亲到北京，由张幼仪奉养。徐志摩写信给他们说："你们那一小家虽是新组织，听来倒是热闹而且有精神，我们避难人听了十分羡慕。"

1927年夏天，张幼仪在上海静安寺路开办第一个新式时装公司——云裳公司，营业盛况轰动一时。那时，徐志摩已与陆小曼结婚，还时常去看望张幼仪，而张幼仪对他们也是问寒问暖，倍加关怀。

不幸的是，离了婚的徐志摩却没有得到林徽因的爱。林徽因在1921年随父亲回国，这使徐志摩陷入更大更深的痛苦之中。就在那痛苦的半年里，他写了许多诗，这半年即1922年2月至10月间。这一时期他先后保存下来的有25首诗，如《青年杂咏》、《月夜听琴》、《秋月呀》、《情死》、《草上的露珠儿》等。

陆小曼

走进科学的殿堂

这一时期的诗,大多是颂扬自由、人道、青春、爱情和大自然的。其中多带有凄凄楚楚的忧情,真实地表现了他当时苦痛的心境。

也许正是在康桥两年的生活,由康桥文化陶冶了徐志摩的性灵所至,或是有了这样的基础后,产生的婚变与失恋,才使得徐志摩在半年时间里,突然变成了一个诗兴勃发的天才诗人。他曾这样描述自己当时的情境:

"只有一个时期我的诗情真有些像是山洪暴发,不分方向地乱冲。那就是我最早写的那半年,生命受了一种伟大力量的震撼,什么半熟的、未成熟的意念都在指顾间散作缤纷的花雨。我那时绝无依傍,也不知顾虑,心头有什么郁积,就付托腔底胡乱给爬梳了去,救命似的迫切,哪还顾得了什么美丑!我在短期内写很多,但几乎全部都是见不得人面的。这是一个教训。"

1922年8月,徐志摩辞别剑桥大学,启程回国。

徐志摩这一次留学美国与英国,在新大陆与旧大陆分别住了两年,他在这两个国家的大学里接受了不同的教育与熏陶。可

林徽因

剑桥华人

以说，他在美国克拉克大学受到的教育是对西方文化与文学打下了坚实的基础，而到了英国这古老的文化之邦，则全盘吸收并消化了那些西方文化的食物，使自己成了一个"康桥文化"的载体与衍生物，也由于有了这4年的留学生涯，中国从此便多了一个才华横溢的诗人。

剑桥华人

走进科学的殿堂

"武侠"宗师金庸

年愈八旬的金庸进入剑桥大学攻读博士学位,这一事件引起了人们的普遍关注。

1924年2月,金庸生于海宁县袁花镇一个富有的家庭。查文清是金庸祖父,清光绪丙戌年进士,曾在江苏丹阳任知县,后因"丹阳教案"而辞官回乡。当年不少外国传教士纷纷涌入中国,沿海更甚,传教士常欺压百姓,官府慑于列强淫威,往往视而不见。终于忍无可忍,在丹阳,数百名愤怒的群众围攻当地教堂,并一把火将其焚烧,此就是轰动一时的"丹阳教案"。

事发之后,查文清的上司为了向外国传教士交代,准备处斩为首二人,查文清颇感为难,思来想去,寻得两全之策。先差人秘密通知为首二人逃走,才轻松前

剑桥华人

金庸

去上司那里汇报，告知无为首之人，言本官难辞其责，故请辞官职。查文清去世后，丹阳有十位绅士来吊祭，当时带头火烧教堂的两人，从丹阳到袁花一路哭拜而来，每走一里就磕一个头。金庸后来一直期望自己能成为一名外交官，显然与其祖父经历中看到的"外国人欺负中国人"有十分密切的关联。查文清死后，留下一些家宅和田地，金庸出生时，查家还拥有3600多亩田，租种者也有上百户，所以其父亲乃"当仁不让"的大地主。查家富有，雇一些长、短工料理家务。金庸刚上学时，就有一名长工负责接送他，下雨的日子，此长工还抱着他上学、放学。此长工是个驼子，半身残废，是查文清辞官时从丹阳带回家的，因残疾，金庸很同情他，看到别人取笑他时，就予以制止，有时还为此哭了起来。他发病时，金庸还时时到他小房子看他，拿些东西给他吃，当时长工已是六七十岁的人了，但把少年金庸视为朋友，还将身世告诉金庸。原来他家是开豆腐店的，当地一名财主看中他未婚妻，便出计陷害他，差人把他打成残废，还把他关进牢狱，一关就是两年。其未婚妻做了财主继室。他出狱后心怀愤怒，持刀刺了财主，又判刑入狱，后来查文清把他救出来。此长工病死后，金庸一直很怀念他。20世纪二三十年后以他的身世为素材，写下《连城诀》，以此来纪念此"很亲切的一位老人"。

因家学渊博，海宁查家藏书丰富，浙西一带十分有名，故尽管金庸年纪幼小，但所涉猎的书籍已相当广泛。金庸说："从小我爸爸、妈妈就觉得我读书时间太多，老是让我出去外边玩玩，我爸爸就陪我去踩脚踏车。他们好意让我和他们一起去乡下玩玩儿，去了几次。我还是喜欢

走进科学的殿堂

自己看小说，比较有兴趣。我父母认为小孩子不喜欢玩不太好，常常鼓励我出去玩。我觉得出去玩反而就有些痛苦，我情愿在家里看书，就开心了。我一个家在香港，一个家在澳大利亚墨尔本，常常搬来搬去的。所以有些书不太用的就搬到澳大利亚。我最近在修改我的小说，要翻阅记载有关历史事件的书籍，常常用的书就放在书房里面，不太用的我就放在外面另外一个地方。我喜欢坐拥书城。"

一天，他翻藏书时，无意中看到一本武侠小说《荒江女侠》此部书是"新文派"始祖，言情小说家顾明道写的，一连看几天，金

剑桥华人

浙、浙江立嘉兴中学一景

庸拍案"想不到世上还有那么好看的书"。当时金庸只有八九岁。其后金庸到处搜罗武侠小说，一睹为快，平江不肖生的《江湖奇侠传》，其中"火烧红连寺"的故事留给他深刻的印象。平江不肖生

166

再别诗人的康桥——剑桥大学

在《侦探世界》杂志连载清末民初武林真人真事，《近代侠义英雄传》更使金庸入迷。

1937年金庸13岁，就读浙江省立嘉兴中学。刚读完一年级，日本侵华，后来读到高中，战火更烈，家乡沦陷。由于战事，杭州、嘉兴、湖州的第一流中学便成了联合高中。此后金庸随学校辗转于余杭、临安、丽水。没有家庭接济，金庸一度只能靠政府发的公费度日，穿草鞋，受军训，四处颠沛，然此一艰苦生活，锻炼磨砺出日后他的独立性格。

1941年，金庸在浙江省立联合高中就读，当时学校办有一个壁报，校内凡有兴趣者均可自由编写。有一天壁报前忽然挤满人，大家争看一篇《阿丽丝漫游记》的文章。《阿丽丝漫游记》正是金庸所写，文中描述阿丽丝不远千里到一所学校校园，兴高采烈遨游东方世界之际，忽然一条色彩斑斓的眼镜蛇东游西窜，吐毒舌喷毒汁，还口出狂言吓学生："如果你活的不耐烦了，我就教你永远不得超生。"眼镜蛇时而到寝室，时而到教室、饭厅、操场，学生见之纷纷逃避。同学一眼便看出眼镜蛇讽喻的是训导主任沉乃昌，他讲话常夹着"如果"二字，学生就以"如果"作其绰号。几天后，金庸被开除，自此，金庸转入衢州中学就读。

抗战前富家子弟纷纷出国留学，学成再回国一展抱负。以查家优裕家境，金庸去海外是计划中的事，但战争爆发使此计划不能实现。后来金庸忆及此事，仍颇遗憾，"若学成回来，就很有可能当上大学教授。"对金庸来说，虽不能留学圆他的"教授梦"是不小的憾事，但也正因此变化，反使他更坚定了另一想法的追求。这就是：做个"外交官"。

然而，他并未做成。

金庸结过3次婚，第一任妻子叫杜治芬。第二任妻子叫朱玫。金庸和朱玫是1956年5月1日结婚的，当时金庸还在《大公报》工作，用笔名林欢写着影评。夫妇二人在现在的坚尼地道二号租房居住，生下了他们的大儿子查传侠。朱玫可谓是金庸的患难之妻，《明报》草创，与丈夫一块儿苦着。二人离婚后，朱玫在孤独和贫困中度过一生，于1998年11月8日病死于香港湾仔律敦治医院，享年63岁。

金庸的大儿子查传侠19岁时就自缢身亡。这是金庸心中永远的痛。金庸对他这个大儿子感情很深，带他看过他母亲朱玫。相反，母子俩关系不太好。这个儿子十一二岁就写过一篇文章，说人生很苦，没什么意思，先天有佛教思想。有人说应该阻止那孩子这样想问题，但金庸却觉得儿子是对的，人生本来就像他想的那样，他甚至夸奖儿子深刻早慧，却不想儿子会因这思想断送性命。接到儿子死讯时，金庸还在写社论。虽极度震惊和伤心，他还是坚持着把社论写完。每天都有十万读者等着读他的文章，天大的变故都不能停笔。后来，在《倚天屠龙记》修订本的后记中，金庸写道，他以前写张三丰见到徒弟张翠山自刎时的悲痛，以及谢逊听到义子张无忌死时的伤心，都写得太肤浅了，真实的人生不是那样子的。"因为我那时还不明白。"那时，金庸拼命用《格林童话》里的一个故事安慰自己：有一个妈妈，死了儿子，她非常伤心，从早哭到晚。她去问神父，为什么她的儿子会死，他能否让儿子复活？神父说："可以，你拿一只碗，一家一家去乞。如果有一家没死过人，就让他们给你一粒米，你乞够十粒米，你的儿子就会复活。"那个女人很开心，就去乞。但一路乞，竟发觉没有一家没死过人，到最后，一粒米都没乞到。她就觉悟：亲人过世原来是任何一家都避免不了的事情，开始感到安慰。

金庸用了五六年时间，心情才有所平复。1991年，金庸将《明报》卖给于品海，有人就说那是因为于品海长得像他死去的儿子。金庸说："理性上我没这样想。但他跟我大儿子同年，都属猴，相貌也的确有点像，潜意识上不知不觉有亲近的感觉，可能有。"金庸现存两女一男，和死去的查传侠同为朱玫所生，都已各自为人父母，都不从文。

金庸一点架子都没有，他家小车司机姓陈，他让孩子们叫他陈叔。他们全家对长期在家服务的菲律宾女佣也很好，完全像对自己家人一样。在饭店吃饭，有时服务员拿着菜单让他签名，他也不回绝。同时，在生活上不很讲究，除了不喜欢吃荤外，什么饭菜都吃得挺香。他习惯晚上工作，每天早上5、6点钟才睡觉，中午12点左右起床。吃午饭后稍稍休息一下又进书房写东西，东西写好了直接传真出去。晚饭后，如果没有社交活动和来客，同家人小叙片刻后，他就又走进书房，一直工作到天明。金庸从来不去游乐场所，也从未见他跳过舞，有许多社会活动他都让夫人林乐怡代表他去参加。

金庸有一颗清静淡泊的平常心，他做人做事的风范可通过一幅字表达："待人以诚，治事则谨，知足常乐，不取非分，谦而受益，满必招损，尽心竭力，为国为民。"20世纪80年代他义无反顾地参加香港基本法起草委员会，1995年出任香港特别行政区筹委会委员，在故乡嘉兴捐资320万港元兴建嘉兴中学，在杭州投巨资建造

走进科学的殿堂

了14万平方米的元松书舍,这些都可看出他"尽心竭力,为国为民"的思想。虽然他为国家为他人做了许多有益的事,可他自己很少提起。相反,谁要是为他做过什么事情,他却总是牢记不忘。1995年3月2日,金庸在香港家中突发心脏病,当时,林乐怡受他委托在外宴请客人,所以两小时之后才送他进医院抢救。院方作了很大的努力,成功地为他进行了"小球弹性通塞手术",使得他转危为安。他在身体基本康复后写了一封长信,信中写到:"许多人到医院来看我,问候我。叶运兄双目失明,拉着我的手,久久不放;传媒作了许多关心善意的报道,使我深刻感到人生感情的可贵,觉得虽然大病一场,经历了肉体极大的痛苦,其实还是所得多于所失。倘若我没有这样一次死里逃生的困厄,自己还不知道,以我这样的性格,平日很少对人热情流露,居然还有许多人关怀我,真心地爱我……我心脏肌肉虽然坏死了16%,心中的温暖却增加了160%。"

金庸所获荣衔甚多,包括:1981年英国政府授予的勋衔,褒扬其对新闻事业及小说写作的贡献;1986年香港大学社会科学荣誉博士,表扬其对社会工作及文学创作的成就;1988年香港大学文学院中文系名誉教授;1994年北京大学名誉教授;1996年剑桥大学荣誉院士等。

金庸人老心不老,他正在以行动追求完美的人生。金庸偕太太一起离开香港,飞赴英国,开始了剑桥大学的读博计划。金庸先生对人们说,为了专心求学,在读博期间,他将谢绝一切与学业无关的社会活动邀请,可见他的精力集中程度很深。

金庸就读的是剑桥大学的圣约翰学院。为了方便学习生活,金庸夫

再别诗人的康桥——剑桥大学

妇和许多留学生一样，也租了一套住房。与金庸先生在香港的住所相比，他在剑桥的住所显得十分简陋。他们甚至没有打算请保姆。金庸先生的饮食由夫人自己料理。金庸先生表示，既然到剑桥读书，就应该像个读书人，读书生活应该过得清苦一些。

金庸毕竟是拥有3亿读者的名人。因此，金庸先生在上学途中常常会遇到这样的情况：有中国留学生希望金庸先生为他们题词签名或者合影留念。每次遇到这样的情况，金庸先生总会重复同样的表态：我现在的身份是学生，上学路上我不给别人签名题词。并补充一句：我在散步

牛津大学圣安东尼学院

或者在喝咖啡，可以给你们签名。金庸来剑桥和进入剑桥都发生了许多趣事。

金庸向剑桥大学提出攻读博士的申请，校方要求呈交大学毕业证书

等，金庸都没有，只好呈交了大批荣誉博士、荣誉教授等证书，同时说明自己在上海念大学时适逢内战，证书等自然没有。

剑桥大学要求，须有合格人士证明学生能读写某种外语。于是金庸请牛津大学圣安东尼学院院长高亭爵士、剑桥大学 David Mc – Mullen 教授予以书面证明：金庸能读、写中国古文，并无困难。

金庸是"外国学生"，必须证明他能听、写英文，通常办法是雅思或托福考试，但负责审核的教授们改请金庸提交一篇发表过的英文文章，金庸便交了一篇他在牛津大学出版社出版的讲香港回归问题的英文文章，获得教授们的通过。

我们祝愿这位武林"宗师"，这位老者，确切讲是学生，学业有成，一路走好。

剑桥华人